KB264870

NOW U-TURN

나우! 유턴

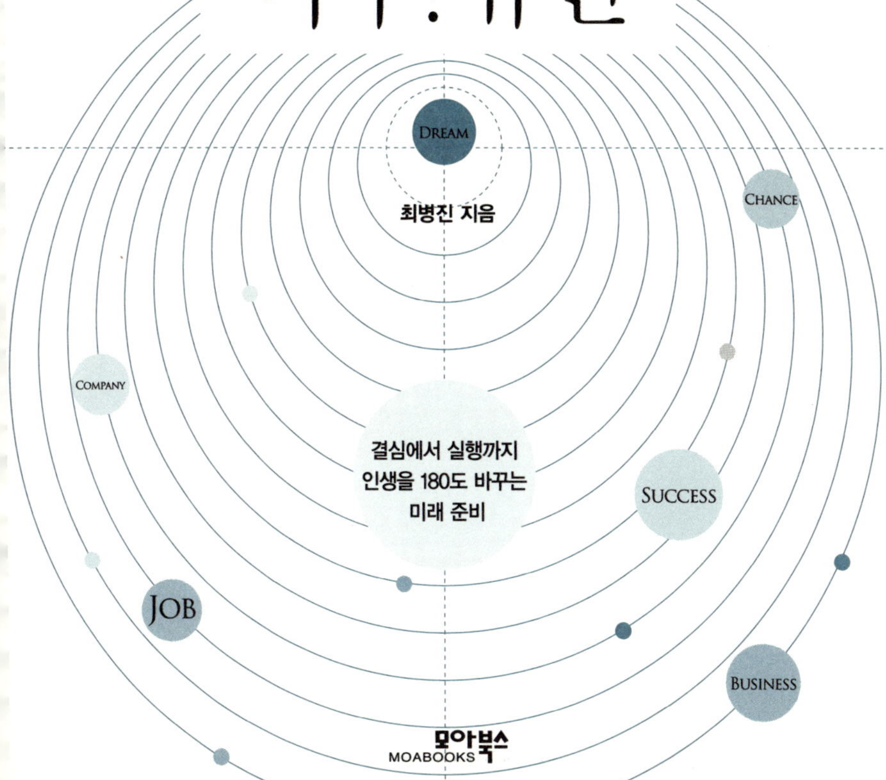

모아북스
MOABOOKS

내 뜻대로 안 되는 세상에 생존할 수 있는 마지막 기회

NOW
U-TURN

나우! 유턴

최병진 지음

기회는 오직 준비된 자만이
잡을 수 있으며,
경제적 자유는 오직 용기 있는 자만이
얻을 수 있습니다.

여러분은 더 나은 미래를 위해
준비하고 있습니까?

새로운 기회는 결코 우연한 만남처럼

내 곁을 찾아오는 것이 아닙니다.

지금 이 순간, 여러분의 곁을 스쳐가는

기회를 놓치지 마십시오.

준비되어 있지 않다면....

아무리 좋은 기회도
모래알처럼
손아귀를
빠져나갑니다.

준비하고 있다면....

튼튼한 그물로
기회라는 물고기를
잡을 수
있습니다.

미래를 위해 구체적으로
어떤 준비를 구상하고 있습니까?

새로운 삶을 준비하려면,

생각의 패러다임 자체를 바꿔야 합니다.

낡은 사고와 방식을 버리고

새로이 도전해야 합니다.

도전을 포기했다면....

아무 희망 없이
그저 돈을 위해 일하는
삶으로 일생을
보낼지도 모릅니다.

도전을 준비하고 있다면...

21세기의
패러다임에 걸맞은
새로운 사업으로
인생의 틀을
바꿀 수 있습니다.

더 나은 미래를 위해서는
반드시 새로운 준비와 도약이
필요합니다.

시간의 자유

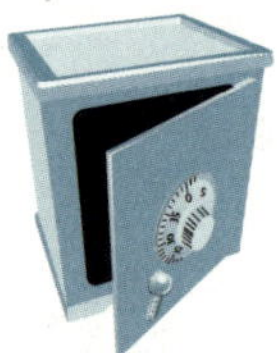

경제적 자유

미래 행복

평생 노후 보장

이 책을 통해 삶의 유턴을 실행하여
인생을 보다 좋은 방향으로
이끌어보시지 않겠습니까?

가장 적합한 때란
바로 지금입니다.
고정관념을 버리고
새롭게 도전하십시오.
Now! U-turn!

억대 연봉자는 몇이나 될까?

대한민국 국민 중에 연봉 1억 원 이상을 받는 이른바 '억대 연봉자' 수는 몇이나 될까? 최근의 조사에 의하면, 지난 해 우리나라 억대 연봉자의 수는 36만 명 정도로 전체 인구의 7% 정도 였으며, 이들은 총 근로자 평균 연봉 2800만 원의 약 3.36배가 되는 수입을 벌고 있다. 또한 갈수록 심해지는 양극화 상황을 그대로 보여주듯 이 억대 연봉자 수는 2010년의 28만 명보다 30%나 급증한 상황이다.

이런 이야기를 들으면 대부분은 "나는 오히려 생활이 더 빠듯해졌는데, 저 사람들은 무슨 수로 저리 승승장구하나" 하는 생각이 들 것이다.

실로 이들은 충분한 여유를 가지고 저축과 투자를 계획해 안정적인 수익원을 확보함으로써 경제적으로 자유로운 삶을 산다. 또한 이들 외에도 변호사나 의사, 회계사 등의 전문직, 견실한 중소 자영업자, 대기업 중역 등을 포함한 우리 국민의 약 10%는 대체로 돈 때문에 큰 고통을 받지 않는 계층으로 분류된다.

중산층의 추락

그렇다면 이 10%의 부유층을 제외한 나머지 90%의 대한민국 국민들의 삶은 어떨까? 길거리를 걸어가는 사람들 중 10명 중에 9명은 돈으로부터 자유롭지 못한 삶을 살고 있다면 어떻겠는가?

지난해 우리나라 실질 가계 부채는 약 1100조원으로 집계됐다. 이는 작년보다 53조원이 급증하고, 2000년대 초반에 비해 두 배나 늘어난 수치이다. 나아가 부채의 질도 나날이 악화되고 있다. 개인 가계부채 비율이 136%로 2003년 이래 최고치를 기록했고, 주택을 팔아도 대출금과 전세금을 다 갚지 못하는 이른바 '깡통 주택'을 담보로 한 대출도 3조 원을 넘어섰다.

문제는 세계적 경기회복 지연, 엔화 절하, 한국은행의 금리 인하 등으로 인해, 앞으로도 소득은 늘지 않는 대신 부채는 더욱 늘어날 것이라는 전망이 나오고 있다는 사실이다.

이는 국가 경제를 받치는 허리라고 불리는 중산층이 몰락하고 있으며, 앞으로 그 정도가 더욱 심화될 것임을 보여준다. 아주 특별한 고소득자가 아니고서야 심지어 1억 연봉자들의 일부조차도 주택 마련비와 다양한 대출금, 자녀교육비 등에 벌어들인 거의 모든 돈을 지출하는 악순환에 빠져들고 있는 것이다.

전문직도 이제 안전하지 않다

결과적으로 우리나라에서 정말로 완전한 경제적 자유를 누리는 이들은 불과 5% 이하에 불과하다. 이들 중에 상당수인 20% 정도는 부모로부터 상속 받은 재산으로 부를 누리는 사람들이며, 또 다른 일부는 좋은 교육 기회를 얻어 의사, 변리사, 세무사 등의 전문직 직종에 종사하는 사람들이다.

하지만 고소득자로 분류되는 전문직도 안전하지만은 않다는 것이 전문가들의 정설이다. 최근 깡통 주택에 비교해 '깡통 변호사' 라고 불리는 사람들의 이야기를 들어본 적이 있는가? 한 예로 지난 시대에 변호사는 부와 명예를 한 번에 거머쥘 수 있는 가장 선망할 만한 직종 중에 하나였다. 하지만 최근 로스쿨 제도가 시행되고 그 졸업생들이 배출되면서 변호사 수가 급격히 증가했다. 경쟁 사회에서 공급의 증가는 곧바로 상대적 몰락을 의미한다. 실제로 요즘은 거금의 수임료를 받는 변호사 수가 현저히 줄었을 뿐더러 변호사 개업 후 폐업률도 현저히 높아졌다. 나아가 의사들은 어떤가?

최근 동네 병원들의 파산과 부채와 관련된 문제가 뉴스에 자주 오르내리는 것을 보았을 것이다. 무리한 개인 병원 개원으로 막대한 빚을 진 의사들이 압박감에 못 이겨 무리한 수술을 권하다가 소송에 휘말리거나, 비싼 장비를 경쟁적으로 들여놓은 뒤 그 할부금을 갚지 못해 파산하는 경우도 적지 않다.

즉 아무리 잘나가는 전문직도 결과적으로 50세가 넘으면 서서히 일선에서 물러날 준비를 해야 한다. 실력 있고 활력 넘치는 후배들이 치고 올라오는 데다, 어쩔 수 없는 노화로 이전과 같은 업무량을 감당할 수 없기 때문이다.

베스트셀러작가로 알려진 로버트 기요사키의 〈부자 아빠 가난한 아빠〉에서도 명문대에서 박사학위까지 받은 이였음에도 명예퇴직으로 50세를 넘기지 못하는 주인공의 아버지 이야기가 나온다.

그렇다면 이들은 무엇으로 남은 삶을 준비할 것인가? 공부만 한 사람들은 펜대를 놓으면 아무것도 할 수 없듯이, 자신의 직업에서는 숙련된 베테랑이었던 이들도 막상 자신의 직업을 내려놓고 나면 무기력한 상태에 빠지는 경우가 적지 않다.

위기를 기회로 만들 수 있는가?

우리는 항상 선택의 기로에 놓여 있다. 게다가 길은 오직 두 가지뿐이다. 변화를 기회 삼아 새로이 도전할 것인가? 아니면 그냥 주저앉을 것인가? 이 결정과 선택으로 들어서는 문은 누구도 열어줄 수 없다.

그렇다면 여러분은 지금 이 선택의 길 어디쯤에 와 있는가? 모든 것이 초고속으로 변하고 있는 지금, 당신은 자유로운 생활을 누리고 있는가? 건강하고 행복한 가정, 여유로운 휴가를 즐길 계획을 하고 있는가? 아니면 단순히 그것을 동경만 하고 있는가?

우리는 모두 꿈을 가지지만, 그 꿈을 실현시키는 사람은 많지 않다. 기회가 없었다기보다는 당장 해결해야 할 경제적 문제들에 묶여 그 소중한 꿈을 조금씩 포기하며 살아 간다. 물론 이 세상에는 선택 받은 사람들도 존재한다. 하지만 그 수는 많지 않으며, 그저 부러워하는 것만으로 기회의 문이 열리는 것도 아니다. 이 선택 받은 사람의 대열로 들어가기를 원한다면 무엇보다도 새로운 준비를 해야 한다.

이 책은 위기의 시대라 불리는 21세기에 새로운 돌파구로 알려진 네트워크 비즈니스에 대해 살펴보고 사업의 성장성을 살펴보고자 한다. 그렇다면 여러분은 과연 네트워크 비즈니스에 대해 들어본 적이 있는가? 만일 이 비즈니스에 대해 처음 들어보았다면 지금껏 귀를 절반은 닫고 있었던 것과 다름없다.

선진국에서 네트워크 비즈니스는 이미 부동산이나 증권, 저축, 임대 사업 등보다 훨씬 광범위하게 각광 받고 있는 생활형 비즈니스로 자리 잡고 있다. 미국의 경우 80년대부터 네트워크 비즈니스가 매해 30% 이상 중산층과 부유층을 탄생시키는 사업으로 자리 잡았고, 90년대 후반부터는 네트워크 비즈니스로 부자가 된 사람들이 부동산이나 주식으로 부자 되는 사람들보다 많아졌다. 심지어 미국과 선진국은 물론 우리나라 대학과 대학원들에도 현재 네트워크 비즈니스 관련 학과가 개설되어 있을 정도이다.

그럼에도 우리나라에서는 네트워크 비즈니스에 대한 잘못된 인식이 널리 퍼져 있는 것은 안타까운 일이 아닐 수 없다. 한때 '피라미드' 라는 불법 사업이 유행하면서, 선량한 이들에게 막대한 피해를 입힌 적이 있다. 이런 사업들은 네트워크 비즈니스의 껍데기만을 따라했을 뿐, 장기적인 시스템의 중요한 핵심을 무시한 경우였다. 노력과 시간의 힘은 열외로 하고 사행심과 한탕주의만을 부추겨 앞뒤 재보지도 않고 사업에 달려들도록 만든 일종의 사기극이었던 셈이다.

모든 사업은 장기 플랜과 확고한 성공과의 동행이다. 작은 가게 하나를 열어도 넉넉한 시간을 두고 기초를 다져가듯이 네트워크 비즈니스에서도 계회과 인내가 어김없이 필요하다. 세계적으로 한국 사람은 조급하기로 유명하다. 단시간 내에 좋은 결과를 원하는 성격 때문인지 공부도 '속성 과외'가 유행하고, 사업도 '속성 사업'을 원한다. 하지만 모든 사업에는 네트워크라는 중요한 기반이 필요하다.

특히 네트워크 비즈니스는 평생에 걸쳐 안정적인 수익원을 만들 수 있는 평생 사업, 이른바 1인 기업이다. 작은 구멍가게를 안착시키는 데도 몇 년씩 걸리는데 평생 지속할 수 있는 기업을 만드는 데 1년 혹은 2년 만에 큰 수익을 바랄 수 있겠는가?

이런 면에서 불법 피라미드와 진정한 네트워크 비즈니스를 구분하는 기준은 간단하다. 지금 당장 큰돈을 벌 수 있다고 광고하는 회사가 있다면 우선 의심해야 한다. 반면 확고하고 공정한 시스템에 입각해 노력한 만큼 성공할 수 있다고 말하며, 실제로 그런 성공자들이 있는 회사라면 분명히 믿을 만할 것이다. 21세기는 승자독식의 세계로 규명된다. 몸집이 큰 기업들이 작은 기업들의 수익원까지 가차 없이 빼앗는 형평성이 결여된 세상이다. 그럼에도 현재 많은 네트워크 사업자들은 시스템의 확고한 기반 아래 자신의 사업을 펼쳐 또 하나의 기회로 만들어가고 있다.

만일 여러분이 네트워크 비즈니스에 대해 열정을 가지고 더 깊이 알아보려 든다면 지금껏 몰랐던 새로운 기회를 거머쥘 수 있을 것이다.

눈앞에 기회가 왔을 때 그것을 붙잡지 않으면, 그 기회는 결국 다른 사람에게 넘어가버린다. 여러분의 인생에 획기적인 변화를 가져올 절호의 기회가 바로 곁에 와 있다. 그 기회가 그냥 지나치도록 놓아두지 않기를 바라는 마음으로 이 책을 썼다.

늙어서도 풍요로움을 누리는 5%에 들어가고 싶다면, 절대로 이 기회를 다른 이에게 넘기지 말고 이 책에서 제시하는 내용들을 찬찬히 살펴보기를 간곡하게 권한다.

최 병 진

03 절대 손해 보지 않는 비즈니스 기회

04 시작 하기

01

기본
에서
바라**보기**

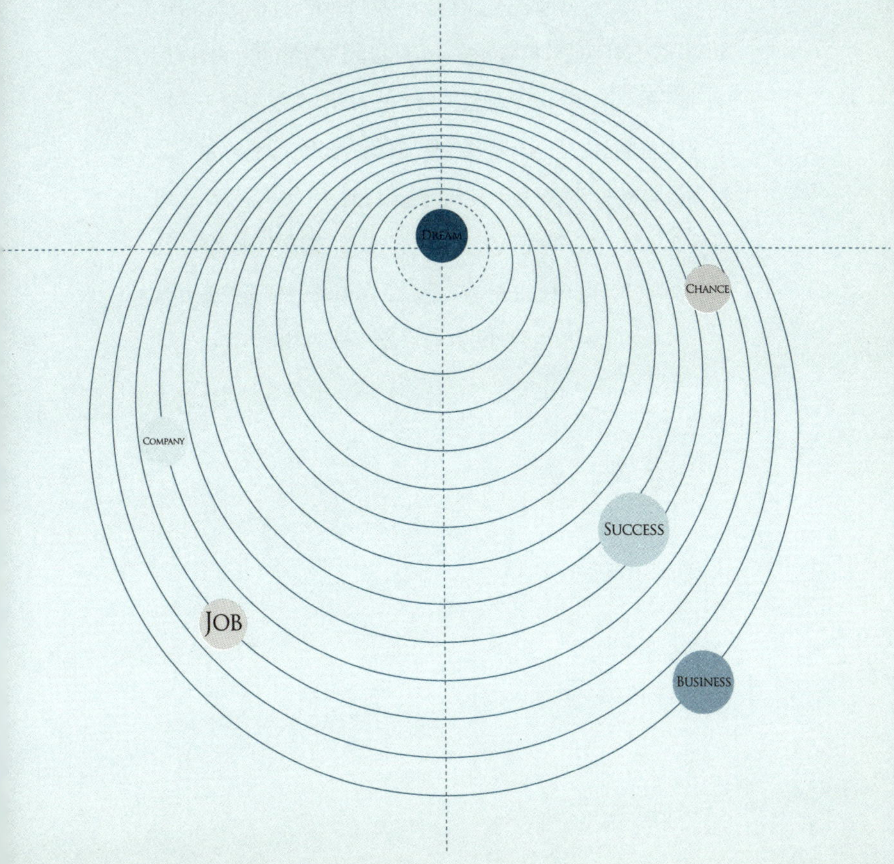

이 세상에 성공하는 걸 싫어하는 사람은 없다. 현대 사회 속의 인간이란 꿈을 이루고 성공하는 것을 가장 큰 목표로 삼는다. 게다가 성공한 사람에게는 자연스럽게 부와 명예가 주어지니, 성공이야말로 꼭 이루고 싶은 꿈일 것이다.

하지만 이 사실을 안다고 모두가 성공할 수 있는 건 아니다. 여유가 된다면 잠시 걸음을 멈추고, 하루 동안 여러분 곁을 스쳐갔던 수많은 사람들을 상상해 보라.

출퇴근길 지하철에서 부대끼는 피로한 얼굴의 직장인들, 일찍부터 가게 문을 열고 애타게 손님을 기다리는 자영업자들, 대형마트에서 열심히 일하는 서비스 근로자들, 종종걸음으로 오늘의 일거리를 찾아 나서는 일용직들…. 비록 오늘의 현실은 고단할지라도, 이 모든 이들의 가슴 속에는 언젠가는 성공할 수 있으리라는 꿈이 있을 것이다. 지금부터는 노력하고 몸으로 움직여 꿈꾸던 부를 거머쥘 수 있는 주인공이 될 수 있다고 외쳐라.

성공의 기회는
잡는 사람의 몫

　많은 이들이 "정말로 쳇바퀴 같은 삶에서 벗어나 성공한 인생을 살아갈 수 있는 방법이 있을까요?" 질문한다. 답부터 말하자면, '그렇다'.

　어떤 이들은 '인생은 불공평한 것'이라고 말한다. 아주 틀린 말은 아니다. 이 사회에서 크게 성공한 사람들은 많게 잡아도 10%에 불과하다. 나머지 90%는 평범하거나 평범 이하의 삶을 살아가며, 성공한 10%와 평범한 90%의 삶은 그 질이 같을 수 없다.

　인생은 본래부터 불공평하다고 생각하는 이들에게는 90%로서 살아가는 삶도 크게 불만 없을 수 있다. 성공한 사람 10%는 아주 운 좋게 태어난 이들이라고 믿으면 그만이다.

　그러나 현명한 사람들은 다르게 생각하고 다르게 질문한

다. 이들은 '그렇다면 이 사회의 성공한 사람 10%는 정말로 운이 좋아서 성공했을까?' 하는 질문부터 던져본다. 천석꾼은 하늘이 내린다는 말처럼 운이 어느 정도 작용했을 수는 있으나, 결국 그들의 성공과 부는 행운의 결과만은 아니라는 사실을 돌이켜 생각해보는 것이다.

알다시피 우리 사회는 계층이 존재한다. 넉넉한 집안에서 태어나 좋은 교육을 받고 높은 학벌을 가진 사람은 가난한 집에서 태어나 상대적으로 학벌도, 밑받침도 없는 사람들에 비해 성공할 가능성이 높다. 부자는 망해도 3대를 가고, 가난한 사람은 3대가 계속 가난하다.

하지만 조금만 시선을 돌려보면, 부모의 덕이나 좋은 교육 기회와 상관없이 오로지 자신의 노력으로 성공한 이들도 얼마든지 있다.

아무리 둘러봐도 그들이 보이지 않는가? 그건 여러분이 나머지 90%의 세상에서 90%의 사람들과만 어울려 살고 있기 때문이다. 이렇게 비슷비슷한 처지끼리 위안만 하고 손 놓고 있다가는 성공의 기회를 놓치고 살 가능성이 높다. 즉 세상은 불공평하고, 운이 좋아야만 성공할 수 있다는 생각이 성공의 가능성을 막는 변명이 될 가능성이 높다.

가족드라마를 보면 많은 아버지, 어머니들이 한창 자라나는 자식들에게 이렇게 말하는 풍경을 볼 수 있다.

"나는 우리 가족을 위해 최선을 다해 성실하게 살았단다. 부족해서 미안하다. 너는 이 애비처럼 살지 말거라."

이것은 결코 드라마에서만 나오는 이야기가 아니다. 뼈와 살을 깎는 노력으로 가족을 부양했던 우리 아버지, 어머니들을 기억해보자. 이들은 그야말로 자식에게 더 나은 삶을 물려주기 위해 평생에 걸쳐 노력했다. 그럼에도 옛날과 비교할 때 크게 나은 삶을 만들어내지 못했던 경우가 훨씬 많았다. 그렇다면 이는 과연 성실함이 부족했기 때문일까?

올바른 선택만이
성공의 길

미리 말해두지만, 성공에는 지름길이 없다. 하지만 무작정 노력만 한다고 원하는 바를 이루는 것도 아니다. 따라서 열심히 노력해서, 노력한 만큼의 성과를 제대로 얻어내려면 우선 첫 단추를 잘 꿰어야 한다. 그 첫 단추란 다름 아닌, 자신이 잘 할 수 있고 성공 가능성이 높은 일을 심사숙고해 선택하는 것이다.

선택이라는 첫 단추를 잘 꿴 사람은 선택한 일에 최선을 다 할 수 있다. 또한 자신의 선택이 옳았다는 점을 매번 확신함으로써 하는 일에 보람을 느끼며, 따라서 어떤 역경이 닥쳐와도 미래를 꿈꾸며 그 어려움을 이겨낸다. 즉 올바른 선택이야말로 지름길 없는 성공의 길에서 정상에 가장 빨리 도달할 수 있는 방법이다.

여러분의 상황도 이와 다를 바 없다. 직장을 그만두거나 은퇴를 해서 이제 막 새로운 직업을 찾고 있건, 이제 막 사회에 나와서 취업을 준비하는 상황이건, 서두르는 대신 자신의 꿈을 이룰 수 있는 가치 있는 직업을 찾아나기 위해 몇 가지 사실을 염두에 두어야 한다.

첫째는 과연 우리는 얼마나 오래 일할 수 있을까 하는 것이다. 오랜 경기침체로 인해 조기퇴직자가 많아졌다고 하지만, 앞으로 다가올 100세 시대에 실질적인 퇴직 나이는 75세가량이라고 한다. 이것은 무엇을 하건 75세까지는 자신의 전문성성에 맞는 '일하는 삶' 을 이어가야 한다는 것을 의미한다.

물론 이것이 불가능하거나 어려워 보일 수도 있다. 사실상 75세까지 일하는 삶이란 불과 10년 전만 해도 너무 먼 일처럼 느껴졌기 때문이다.

흔히 한 사람의 가치는 '하고 있는 일' 로 결정된다고 말한다. 사람들이 좋은 직장에 들어가기 위해 피눈물 나는 노력을 하는 것도 이런 이유에서이다.

예전에는 이렇게 좋은 직장에 들어가는 것만으로도 정년보장과 두둑한 퇴직금과 연금 등을 보장 받았다. 그러나 지금은 어떤가?

최근 국내 대기업 직장인들의 평균 근속 년수가 약 11년인 것으로 집계됐다. 성별로는 남성이 11.5년, 여성 7.1년이다.

대기업이 이 정도 수준이라면 중소기업이나 소규모 업체들의 근속기간은 그보다 짧을 가능성이 높다.

예전에는 한번 직장에 들어가면 평생직장이 보장되었다면 이제는 기업에 따라, 또는 개인적 사정에 따라 여러 번 이직을 해야 하는 시대가 시작 되었다.

또한 한 직장에서 10년 이상 근무했다 해도, 40대에 퇴직해 새 직장을 얻는 일도 어려워졌다. 엘리트 경력을 가진 중견 직장인들마저도 젊은 취업예비자들과 마찬가지로 엄청난 경쟁을 뚫고 나아가야 하는 세상이 된 것이다.

하지만 이 같은 평생직장 시대의 종결은 또 하나의 새로운 변화를 낳아놓았다. 장기근속이 어려워진 시대에는 필연적으로 직장(Company)이 아닌, 직업(JOB)을 구하는 것이 중요해진다. 평생 동안 안정적인 수입을 보장 받기 위해서는 한 분야에서 전문가가 되고, 능력 위주로 대접해주는 비즈니스를 찾아갈 필요가 있다는 의미이다.

또한 예전에는 존재하지 않았던, 성별과 나이, 성별을 뛰어넘어 자기 능력을 펼치고, 그 대가로 정당한 수익을 얻을 수 있는 비즈니스들도 생겨나고 있다. 이런 비즈니스들은 하지만 단순한 자영업과는 다르다. 자영업은 일정한 자본을 들여 가게를 여는 형태라면, 이런 비즈니스는 전문성과 노력으로 가능 하는 사업이다.

실로 최근 창업박람회 등에 다양한 종목과 분야에서 과거에는 생각지도 못했던 자본금은 적고 전문성으로 승부하는 비즈니스들이 등장하고 있는 것도 그 반증이다. 앞으로도 이같은 전문 비즈니스의 열풍은 쉽게 가라앉지 않을 것으로 전망된다. 그 이유는 이런 비즈니스들은 직장과 달리 평생 능력과 전문성을 통해 승부를 볼 수 있고, 정년이 없으며, 일정한 노력을 투자하면 그 만한 대가를 얻을 수 있기 때문이다.

그렇다면 이런 1인 비즈니스 기회에 도전해볼 기회를 잡기 위해 무엇을 염두에 두어야 하는지 연이어 보도록 하자.

돈이 많다고 부자가 되는
시대는 지났다

지난 시대에는 물리적 재테크를 통해 부자가 된 이들이 적지 않았다. 물리적 투자란 이른바 주식과 부동산, 펀드 같은 방식의 투자를 의미한다. 그러나 초저금리와 부동산 시장 몰락의 시대에 더 이상 물리적 투자만으로는 부를 유지하는 것은 불가능해졌다.

때문에 최근 장기적인 관점에서 자기 역량을 강화하고 가치를 드높이기 위한 직업 재테크나 전문성과 정보 재테크가 새로운 투자 대상으로 떠오르고 있다. 새로운 경제 상황에서는 새로운 시장이 탄생하는 만큼, 세상을 보다 광범위 하게 바라보는 안목을 갖춘 사람이 부자가 될 가능성이 높아졌다는 의미이다.

현재 똑같은 자산을 가진 두 사람이 있다고 치자. 한 사람은 소유한 자산을 은행에 저축하고 부동산 등에 투자하는 전통적 투자 방식에 몰두했다. 하지만 나머지 한 사람은 다른 전통에서 벗어난 다른 방식을 택했다. 가진 자산을 얼마나 불리고 어떻게 지킬까에 연연하는 대신, 자신이 가진 시간적 자유를 활용해 틈나는 대로 비즈니스 세미나를 다니며 새로운 정보를 얻고, 다양한 인간관계에 시간과 노력을 투자했으며, 기회가 있을 때마다 새로운 시도들에 게으르지 않았다.

앞으로 10년 뒤, 두 사람의 모습은 과연 어떻게 다를까? 이 다음 페이지를 보며 생각해 보자.

부자는 정보와 기회의 자유를
누리는 자들이다

　우리가 살아가는 21세기는 세 가지 용어로 대변되고 있다. 첫째는 불안과 위기, 둘째는 변화와 도태, 셋째는 정보를 통한 기회의 자유다.

　첫째, 불안과 위기란 세계적인 경제위기를 뜻한다. 글로벌 시대의 경제는 전 지구촌으로 연결되어 있다. 유럽과 미국 중시 위기로 환율이 출렁이는 것에서도 볼 수 있듯, 지구 저편에서 일어난 일이 우리 경제에도 영향을 미칠 수밖에 없다. 실로 외환위기라는 글로벌 위기의 여파는 우리 사회에도 어김없이 찾아왔고, 그 결과 대한민국 사회는 치열한 경쟁사회로 재편되었다. 정리해고로 평생직장을 잃고, 비정규직으로 몰락하며 고용불안을 겪는 사람이 수백 만 명 증가했다.

　둘째, 그 결과 우리는 치열한 경쟁을 뚫고 능력과 실적을 내지 않으면 도태할 수밖에 없는 상황에 처했다. 실로 IMF 이후 직장인들은 언제 자신의 책상이 사라질지 모른다는 불안 속에서 살아가고 있지 않은가?

셋째, 하지만 이런 시대의 변화가 반드시 부정적인 측면만 있는 것은 아니다. 아무나 경제적 자유를 얻기가 쉽지 않다는 자본주의의 특성은 결과적으로 노력하는 자가 성공을 얻는다는 '기회의 자유'와도 연결되기 때문이다.

그렇다면 이런 시대에도 성공하는 사람들의 특징은 무엇일까? 다른 차이들도 있겠지만 가장 큰 것은 발 빠른 정보 수집 능력이다. 21세기는 이른바 정보의 홍수 시대이다.

여기서 제대로 된 정보를 얼마나 빨리 수집해 실행하는가가 성공의 승패를 가르는 것이다. 이는 계속해서 변화하고 있는 재테크 시장, 비즈니스 시장만 봐도 알 수 있는 사실이다. 먼저 선점하는 자가 가장 빨리 성공하고 가장 크게 성공하기 때문이다.

그렇다면 지금 당신은 어떤가? 시대의 변화, 새로운 정보에 얼마나 민감하게 움직이고 있는가? 지금 이 순간에도 돈 되는 중요한 정보들이 여러분의 곁을 스쳐지나가고 있다는 것을 알고 있는가?

돈의 배반을
두려워 말라

수많은 경제적 계급이 존재하는 대한민국 사회에서 모두가 똑같은 환경, 모두가 똑같은 인간관계, 모두가 똑같은 경제적 상태를 부여받을 수 없다. 물론 더 많이 가진 환경에서 태어난 이들은 상당히 유리한 조건에서 시작한다.

하지만 환경만 탓하고 있기에 우리 인생은 너무나 짧다. 물론 현재의 조건들과 상황들을 냉철하게 분석하는 것도 중요하지만, 그렇게 시행한 분석과 성찰을 내 삶에 대입시켜 변화를 이끌어내는 추동력이 바로 우리 인생을 바꾸는 힘도 된다.

하지만 이 모두를 오로지 개인의 노력만으로 진행하기는 어렵다. 거기에서 필요한 것이 바로 시대를 읽는 안목이다.

우리는 시대라는 커다란 울타리 안에 얽매인 존재일 수밖에 없다. 지금과 같은 승자독식의 룰도 바로 시대의 산물인 셈이다.

그렇다면 그 필연적 상황을 벗어나 새로운 환경을 만들어 갈 방법은 없는 것일까? 돈이 우리를 배반하기 전에, 우리가 나서서 승자독식의 룰을 깨는 공정한 경쟁과 비즈니스의 장을 찾아낼 만한 안목을 갖춰야 한다.

현실을 돌아보고,
목표를 설정

　목적지가 없는 배는 제대로 된 항로를 찾을 수 없다. 목표는 꿈의 시작이다. 이 목표는 중기기관차를 굴러가게 하는 석탄과도 같다. 하지만 목표는 보다 구체적이고 현실적이어야 한다. 주변을 둘러보라. 부자가 되고 싶다는 꿈을 꾸는 적지 않은 사람들이 그저 돈을 위해 쳇바퀴처럼 굴러가는 삶을 살고 있다. 그들은 부자가 되기 위해서는 열심히 성실하게 일하는 것 외에는 길이 없다고 믿는 것이다. 하지만 이런 삶은 결국 인생과 돈을 교환하는 것에 지나지 않는다.

　다시 말해 진정한 성공과 부유함을 얻기 위해서는 단순히 부자가 되겠다는 목표를 넘어 이루는 과정에서 성취감을 느낄 수 있는 보다 확고한 목표에 도달해야 한다. 이런 목표가 생기면 어려움을 만나도 난파하지 않으며, 그 목표를 나침반 삼아 그 역경을 극복하면서 오히려 더 단단해 진다.

이런 목표를 세우기 위해서는 우선적으로 내가 살고 있는 시대와 내가 처한 현실을 살펴보는 과정이 반드시 수반되어야 한다. 그런 면에서 돈이 어디로 흐르고 어디에서 모이는지를 살펴내는 경제적 안목은 필수라고 할 수 있다. 다만 돈에 대한 타고난 감각으로 부자가 되는 사람들도 있지만, 대부분의 사람들은 직감만으로는 이 혼란의 시기 돈의 흐름을 파악하기가 어렵다. 꾸준히 경제 관련 신문과 서적, 잡지 등을 읽고 재테크에 관심을 가져야 하는 것도 이 때문이다.

한 예로 여러분은 재테크를 뭐라고 생각하는가? 일반적인 생각과 달리 재테크는 단순히 주식과 부동산, 펀드만 말하는 것이 아니다. 풍부한 경제적 지식만 있어도 훨씬 다양한 재테크 방식을 선택할 수 있다. 그러기 위해서는 반드시 매일 매일 공부하는 습관을 쌓아야 한다.

따라하기

- 경제신문을 정기적으로 구독하라.
- 모든 신문을 읽을 때 경제란을 가장 먼저 집중적으로 읽는다.
- 중요한 기사가 있을 때마다 분류별, 시기별로 스크랩북을 만든다.
- 신문만으로는 부족하다면 경제 관련 서적을 읽어라.
- 경제 서적은 다양한 관점에서 여러 권을 읽어보는 것이 좋다.
- 가능하면 부부끼리, 또는 자녀와도 함께 읽고 토론하라.

성공을 위해선
목표를 구체적으로 그려라

나에게 성공이란 어떤 의미일까? 무엇 때문에 성공한 사람이 되고 싶어 하는가? 또한 무엇을 통해 그 성공을 이룰 것이며, 만일 성공한다면 어떤 삶을 살고 싶은가?

혹자는 지금은 누구나 성공을 꿈꾸는 시대, 나아가 누구나 성공할 수 있는 시대라고 말한다. 일견 틀림없는 말이다.

하지만 똑같이 시작해도 어떤 사람은 성공하고, 어떤 사람은 그렇지 못하는 이유는 무엇일까? 그 답은 사실 단순하다. 돈을 벌고는 싶어 하지만, 정작 돈을 버는 방법에는 무지하기 때문이다. 흔히 가난은 상속된다고 하는데, 그것은 돈 버는 방법을 모르는 가난한 생각이 상속되기 때문이다.

많은 사람들이 성공을 꿈꾸지만, 자신이 이루고 싶은 성공에 대해 깊이 생각하고 정확히 그려보는 사람은 많지 않다.

성공하고 싶다면 우선 자신이 생각하는 성공에 대한 정의와 과정을 잘 이해하고 정확히 그려봐야 하며, 그러려면 우선 다음의 질문들을 던져볼 필요가 있다.

- 앞으로의 삶의 폭을 넓힐 의지가 있는가?
- 그 폭을 넓힐 수 있는 선택의 여지가 있는가?
- 내 인생을 스스로 결정할 만한 힘을 가졌는가?

가난으로 발생하는 모든 문제는 돈이 없어서가 아니라, 그 돈의 크기가 생각의 크기까지 좌우한다는 데 있다. 여기서 『부자 아빠 가난한 아빠』를 쓴 로버트 기요사키의 한 마디를 기억해보자.

"돈을 위해 일하지 말고 돈이 나를 위해서 일하도록 하라."

여러분은 어떤가? 여러분이 가진 돈이 여러분을 위해 일하고 있다고 생각되는가?

대다수의 직장인들은 생각의 크기와 월급의 크기가 비례한다. 매달 들어오는 월급의 액수에 따라 미래 비전과 자신에 대한 확신도 달라진다. 나아가 그것은 결국 자라나는 아이들의 생각의 크기를 결정해 그들의 미래에 까지 영향을 미친다.

하지만 대부분의 시간을 돈벌이에만 투자하는 인생은 얼마나 척박한가. 선택의 자유가 없는 삶은 결국 희망 없는 삶이다. 꿈이 없는 삶이다. 우리가 동물과 다른 것은 내일을 기다리고, 내일은 오늘보다 좀 더 나은 삶으로 만들고자 하는 희망과 꿈을 가졌다는 점이다. 고로 희망과 꿈을 빼앗긴 사람은 돈과 시간의 노예로 살 뿐, 완벽해질 수 없다.

그렇다면 이 같은 상황을 벗어나기 위해서는 무엇을 해야 할까?

다음 장에서는 우리가 어떤 시대의 흐름 속에 살고 있으며, 앞으로 성공 가능성을 높이기 위해서는 무엇을 해야 할지 살펴보도록 하자.

TIP 쉬어가는 코너

장기 불황은 예고되었다

최근 치솟는 물가에 원성이 높다. 이는 대한민국이 이른바 선진국 대열에 들어서면서 나타나는 현상의 일부이다.

사회적 기반은 증가했지만, 그 사회적 기반을 이용하기 위해 높은 비용을 지불하게 된 셈이다.

1975년의 시내버스 요금을 기억하는가? 그때는 40원이었던 버스 요금이 지금은 약 25배 증가한 1,150원이다. 반면 현재 우리 국민총소득은 1975년의 약 35배인 2만 달러 남짓이다. 즉 치솟는 물가에 비하면 우리 살림살이는 아주 조금 나아진 정도에 불과하다.

현재 대한민국의 미래 10년이 장기 불황의 늪으로 빠져들 것이라는 전망이 압도적이다. 예전에는 부동산 투자, 정기예금 등의 저축만으로도 부자가 되는 것이 가능했지만, 이제는 이 모두가 거의 불가능한 일이 되어버렸다. 한 예로 부동산 가격의 급격한 하락을 보라. 냉각기에 들어선 부동산 시장은 외환위기 이후 그렇지 않아도 힘겨웠던 국민경제를 일종의 파산으로까지 몰고 갈 만큼 큰 결정타로 작용했다.

그렇다면 저축 상황은 어떤가? 이미 유럽연합과 미국, 일본은 국채 금리가 1% 미만으로 고정된 상황이다. 우리나라도 앞으로는 1%대의 초저금리 시대가 열리게 된다는 전망이 신빙성을 얻고 있다. 앞으로 10년은 더 이상 부동산이나 정기예금으로 자산을 축적하기 어려운 시대가 된다는 의미이다.

증가하는 개인 부채도 커다란 문제다. 21세기의 시작인 2000년에 우리 국민들의 개인부채는 282조였다. 그러던 것이 2011년에는 무려 3.5배에 달하는 1000조로 대폭 증가했다. 이처럼 부채 비율이 높아진 것은 개인 자산이 부동산에 편중되어 부동산 담보대출이 증가했기 때문이다. 그 결과 지금 우리는 어떤 상황에 놓였는가?

부동산 가격이 하락하면서 주택 소유자들은 높은 이자율에 시달리며 헐값에 아파트를 내놓는다. 그럼에도 집값이 더 떨어지기를 기대하는 구매자들은 움직일 기미가 없다. 이는 앞서 말한 부동산 시장의 몰락으로 인한 결과를 잘 보여주는 사례이다.

마지막으로, 무엇보다도 큰 문제는 증가하는 실업률과 비정규직의 증가로 인한 양질의 일자리가 실종되고 있다는 점이다. 흔히 한 사회의 취업률은 그 사회의 건강함과 직결된다. 양질의 일자리가 많고 취업률이 높은 사회는 안정적 경제 상황을 보장하는 반면, 실업률의 증가는 앞으로 자산을 축적할 수 있는 가능성 자체가 박탈되었음을 보여준다.

2010년 통계청 취업 자료에 의하면, 2010년 졸업자 44만 명 중에 취업에 성공한 이들은 51%에 불과했고, 그나마도 37%는 비정규직, 정규직 중의 21%는 월 소득이 150만원 이하였다.

이런 일자리 감소 현상은 비단 청년층에만 해당되는 것이 아니다. 정리해고와 정년의 상실 등으로 길거리로 쫓겨난 수많은 중장년층 역시 실업률에 시달리며 희망 없는 삶을 살아가고 있다. 이처럼 중산층이 몰락하고 저소득층이 증가하고 있는 지금, 이제는 새로운 변화의 물결을 눈 여겨 보고 자구책을 마련해야 할 필요가 생겼다.

돈을 위해
일하지
않아야 되는이유

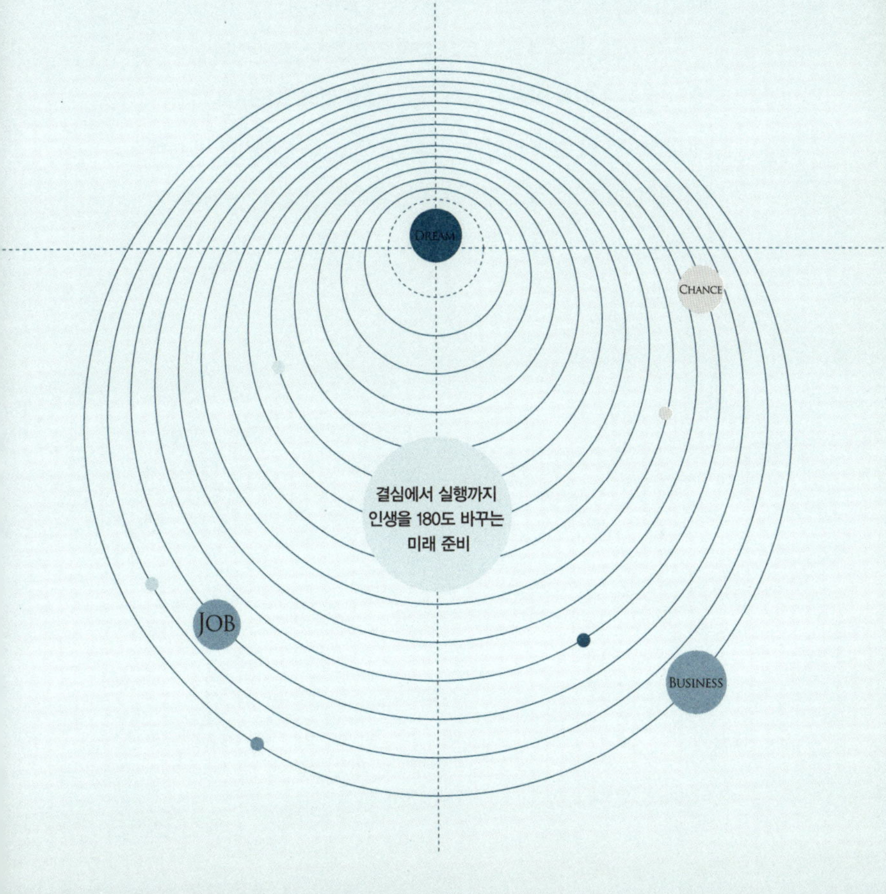

사람들이 흔히 가지는 착각 중에 하나는 "무조건 열심히만 하면 부자가 될 수 있다"는 생각이다. 물론 직장에 입사하거나 사업을 시작한 처음 1-2년은 이 말도 틀리지 않을 수 있다. 하지만 무조건 열심히 하는 것만으로는 일정 이상의 성과와 소득을 얻기 힘들다. 그저 많은 돈을 벌겠다는 욕심만으로 움직이다 보면, 어느 순간 돈이 나를 위해 움직이는 것이 아니라, 내가 돈을 위해 움직이는 역전 현상이 벌어진다. 이 수렁은 아주 깊어서 일단 습관이 되면 빠져나오기 어렵다. 매일 쳇바퀴 같은 삶을 살면서도 그저 "먹고살기 위해서는 어쩔 수 없어"라는 포기 상태에 이르게 되는 것이다. 부자들 중에 많은 수가 다음과 같은 격언을 남긴 바 있다.

"절대로 돈을 위해 일하지 말라. 돈이 나를 위해 일하도록 하라." 물론 현실적으로 멀어 보이는 이야기일 수도 있다. 하지만 이 굴레에서 먼저 벗어나지 않는 한 꿈을 이루고 진정한 경제적 자유를 이루기는 힘들다.

과거의 방식으로 부자가 될 수 없다

모든 시대에는 부의 흐름이라는 것이 존재한다. 인간은 사회적 영향 아래 놓인 존재이며, 부자가 되는 흐름도 이와 무관하지 않다. 즉 시대마다 일어나는 중요한 변화를 인식해 발맞추어 가지 않는다면 현재 생활을 간신히 유지할 수 있을지는 몰라도, 결코 부자는 될 수 없다. 그렇다면 이 시대 부는 어디로 이동하고 있을까?

미국의 유명 동기부여가인 지그 지글러는 직장(JOB)의 의미를 다음과 같이 진단했다.

J-just O-over B-broke(간신히 파산을 벗어난 상태)

앞서 자영업자들의 몰락 상황을 살펴보았듯이, 마찬가지로 직장도 더 이상은 부의 집중과는 관련 없는 것이 되어버렸다. 하지만 이 'JOB' 을 직장이 아닌 '직업' 또는 '사업' 으로 해석한다면 분명히 달라진다.

로버트 기요사키는 성공하기 위해서는 획기적인 아이템과 입증된 시스템이 존재하는 사업을 선택하는 것이 중요하다고 말한다. 성공은 결코 우연적으로 이루어지지 않으며, 사업에서 성공하고 싶다면 반드시 합리적인 시스템과 훌륭한 아이템이 합쳐진 사업을 택해야 한다는 것이다.

그렇다면 지그 지글러가 말한 '파산' 을 기요사키가 말한 '성공' 으로 변화시킬 방법은 어디에 있을까?

음악가, 디자이너, 작가, 특허 발명가 같은 전문직 사람들에게는 한 가지 특징이 있다. 일종의 지적 재산인 작품을 생산함으로써 평생에 걸쳐 받는 로열티 수입을 가지고 있다는 점이다. 한 예로 음악가에게는 음반이, 작가에게는 인세료, 발명가에게는 특허권 등이 그런 역할을 한다.

물론 이중에서 부를 쌓을 만큼 많은 로열티를 받는 사람은 극히 일부에 불과하다. 예술이나 발명 역시 뼈를 깎는 노력 끝에 이루는 일종의 노동이며, 스스로를 하나의 브랜드로 만들어내는데 성공한 사람은 극히 드물기 때문이다. 그렇다면 예술가나 발명가가 아닌 평범한 사람들도 노력하고 성취함으로써 자신의 로열티를 쌓는 방법은 없을까?

디지털 소비에
답이 있다

여러분은 '디지털 소비자'라는 단어를 들어보았는가? 쉽게 설명하면 디지털 소비자란 인터넷을 통해 활동하고 시장 참여의 기회를 확대하고 있는 신 개념의 소비자들을 뜻한다.

좋은 물건을 싸게 구매하는 것은 누구에게나 기분 좋은 일이다. 최근 인터넷 쇼핑몰과 마케팅이 발달하면서 같은 상품도 인터넷에서는 더 싸게 구매할 수 있게 되었다. 온라인 매장에서는 오프라인 매장과 달리 매장비, 인건비, 유통비 등을 지불하지 않아도 되므로, 이른바 마진을 적게 남기는 제품을 비교적 저렴하게 공급하기 때문이다.

이 때문에 "인터넷에서 제 값 주고 물건 사는 것은 바보"라는 말이 생겨났을 정도로, 인터넷을 통해 저렴하게 물건을 구매하는 것이 우리의 일상이 되었다. 인터넷 포털에 들어가면 그야말로 수백, 수천의 온라인 쇼핑몰들이 고객을 끌기 위해 무한 경쟁 중이다. 이제 인터넷을 통해 물건을 구입하는 소비자들이 온라인 경제를 이끌어가는 시스템이 된 셈이다.

하지만 물건을 싸게 구입하는 것에만 멈춘다면 디지털 시대에 얻을 수 있는 이점을 절반밖에 얻지 못하는 것과 다름없다. 이전에는 그저 상품을 구매하는 대상이었자면, 이제는 소비자도 디지털 세상이라는 네트워크를 통해 더 많은 이득, 심지어는 '자산 형성 기회'까지 얻을 수 있다.

한 예로 어떤 이들은 인터넷에서 단순히 물건만 사는 것이 아니다. 이들은 인터넷을 통해 많은 정보를 얻고 기업의 상품에 자신의 네트워크 회원을 통해 소비자 자신이 사업자가 되는 것이다.

이런 이들을 디지털 소비자라고 부르는데, 이들에게는 몇 가지 중요한 특징이 있다.

첫째, 디지털 소비자는 참여 지향적(participation-oriented)이다. 즉 자신의 이야기를 하는 데 거침이 없고 제품 개발에 자기 의견을 반영하는 것이다. 실로 이들은 고객평가단에 참여하거나 신제품에 대한 아이디어를 적극적으로 개진하며 사업에 참여하기도 한다.

또한 신제품을 개발하는 과정에 베타테스터로 참여하거나 아이디어를 제공하는 일도 한다. 나아가 제품이 마음에 들지 않는다면서 그 성능과 사양을 바꾸는 개조와 튜닝법을 공유하고 심지어 자신이 원하는 제품이나 콘텐츠를 스스로 만들어 기업에 제시하기도 한다.

둘째, 이들은 관계 지향적(relationship-oriented)인 소비자들이다. 일회적인 거래보다 지속적인 관계와 함께 기업이나 브랜드, 더 나아가 소비자들끼리 커뮤니티 등 다양한 디지털 커뮤니티를 결성한다. 이 커뮤니티에서 원하는 정보를 손쉽게 입수하고 또 다른 소비자에게 자신이 가진 정보를 공유하며 영향력을 발휘한다.

셋째, 디지털 소비자는 맞춤 지향적(customization-oriented)이다. 이들은 남들과 똑같은 제품과 서비스에 만족하지 않고 자신만을 위한 맞춤형 상품과 서비스를 선호한다. 또 개인적 선호와 기준이 분명해서 개별화된 제품과 서비스에도 익숙하므로, 맞춤 지향성을 충족시켜주는 제품과 서비스를 선호한다. 의류, 동화책, 화장품, 가전제품, 심지어 비타민제까지 고객 맞춤 주문이 확산되고 있는 것도 이들의 힘이다. 나아가 디지털 기반으로 맞춤화가 용이해지면서 상품 영역도 넓어져서 디지털 콘텐츠 등 다양한 영역에 맞춤 서비스가 도입되고 있다.

넷째, 디지털 소비자는 속도 지향적(speed-oriented)이다. 정보를 탐색할 때나 구매 의사를 결정할 때, 또 구매 과정에서도 항상 빠르기를 원한다. 특히 한국의 디지털 소비자들에 두드러지는 현상인데, 유행 주기가 짧아지면서 신제품 출시 주기도 점점 짧아지고 인터넷 화면도 느린 것을 못 참는 현상이 심화되고 있다. 심지어 인터넷 쇼핑몰의 경쟁력은 화면 전환의 속도에 달렸다고 말하는 사람도 있을 정도이다. 이는 우리나라의 초고속 인터넷 환경이 만들어낸 소비자의 특징이기도 하다.

다섯째, 디지털 소비자는 정보 지향적(information-oriented)이다. 작은 물건 하나를 사도 인터넷을 뒤져 각종 정보를 탐색하고 비교한 뒤 구매하고, 당장 사지 않을 물건에 대해서도 다양한 가격비교 사이트, 제품 관련 커뮤니티 사이트 등을 폭넓게 탐색하는 것을 즐긴다. 이른바 상품 정보와 사용 정보를 독점했던 기업의 힘이 소비자에게로 넘어간 셈이다. 그 결과, 디지털 소비자들은 시간이 갈수록 다양한 정보를 습득하면서 점점 똑똑한 소비자로 변해가고, 풍부한 정보를 바탕으로 합리적인 구매를 실행하고 있다.

※ 디지털 시대 소비자의 특징 ※

참여지향	관계지향	맞춤지향
속도지향	정보지향	

더 싼 소비가 아닌
현명한 소비다

위에서 살펴보았듯이 디지털 소비의 확장으로 인한 소비자들의 성향 변화는 기업들에게 새로운 모색의 과정, 다양한 이득을 안겨주었다. 그렇다면 반대로 디지털 소비자들은 디지털 시대에 어떤 새로운 기회들을 통해 성장하고 있는지도 살펴봐야 할 것이다.

기업과 소비자들의 동반 성장이라는 변화는 디지털 네트워크 비즈니스의 지평을 넓히는 또 하나의 결과를 가져왔다. 디지털 소비를 통해 적극성을 익힌 소비자들이 이번에는 자신들이 스스로 1인 기업이 되어 인터넷 공간 안에서 사업 활동을 하기 시작한 것이다.

실제로, 일부 디지털 소비자들은 인터넷 네트워크와 인적 네트워크를 구축해 사업을 진행함으로써 생산 기업의 마케팅과 유통 비용을 돌려받고 있다.

혹시 '캐시백 제도'에 대해 아는가? 아마 여러분 중에 적지 않은 수가 이에 대해 들어보거나 이용해본 적이 있을 것이다. 캐시백 제도란 일정 물품을 구입하면 그 물품에 해당하는 포인트를 제공하거나, 일정한 금액을 돌려주는 제도이다. 안타까운 점은 이 캐시백 제도는 일방향에서 이루어지고 극히 수익성이 적다는 점이다. 여기서 소비자는 그저 물품을 소비하는 역할에 그치고, 아무리 많은 물건을 사도 돌려받는 돈은 그다지 많지 않다.

반면 네트워크 비즈니스는 보다 적극적인 소비와 사업을 하다는 점에서 캐시백 제도보다 훨씬 능동적이다. 일정한 물건을 내가 사용하는 동시에 다른 이들에게 소개함으로써 더 많은 이익을 가져올 수 있다는 점에서 매일 지출해온 소비를 현명한 방식으로 이끄는 것만으로도 이 사업의 첫 발을 내딛어볼 수 있다. 무작정 물건을 싸게 사는 것에만 몰두하는 1차적 소비를 넘어, 소비 자체가 이익으로 돌아와 자산으로 모이도록 만드는 2차적 소비 구조 형성에 집중하는 것이다.

물론 한 번에 모든 것을 바꾸기는 어렵다. 네트워크 비즈니스에 첫 발을 떼기 위해서는 일정한 시간에 걸쳐 소비의 습관과 패턴을 바꾸고, 만나는 사람과 나누는 대화의 내용을 바꾸려는 노력이 필요하다. 또한 사업이 진행될 때도, 단순히 물건을 판다는 생각이 아니라 상대에게 좋은 제품을 소개하고 성공을 나누겠다는 마음을 가져야 한다.

한편, 이처럼 좋은 소비 습관을 키워놓는 것은 자연스레 나의 삶과 가족의 삶까지도 변화시킨다. 예컨대 부자가 되기 전에 절약에 길들여진 사람은 부자가 된 뒤에도 그 습관을 유지한다. 실제로 큰 부자 중에 검소한 생활을 하는 사람이 많은 것도 그 때문이다.

소비의 습관도 마찬가지다. 많은 돈을 버는 것도 중요하지만, 제 2의 경제는 그 돈을 얼마나 효율적으로 사용하는가이다. 그간 내가 사용해온 작은 비용들, 이를테면 생활 소비재 물품 비용이 어떤 식으로 지출되며, 만일 이 부분을 어떻게 돌리면 나에게 이익이 될지를 생각하는 것 또한 최소비용 최대효과를 따르는 일환임이 분명하다.

건전한 소비 습관이란 무조건적인 절약이 아니라 생활 속에서 부가가치를 내는 소비 또한 포함된다는 점에서 네트워크 비즈니스는 생활 소비의 혁신을 통해 자가 수입을 얻는 최고의 21세기형 유통 혁명 비즈니스이다.

네트워크 비즈니스는
진행형이다

우리는 자본주의 사회에서 필연적으로 수많은 소비를 하면서 살고 있다. 매일 먹는 음식, 매일 입는 옷, 매일 쓰게 되는 생활용품 등 화폐가 닿지 않는 곳이 없으니 소비 자체가 거대한 돈의 흐름이다. 실제로 통계에 의하면 우리가 받는 월급의 약 70% 이상은 필수품 등의 재화를 사들이는 데 쓰게 된다고 한다.

그렇다면 우리가 사들이는 이 물건들에 지불되는 엄청난 돈은 과연 어디로 흘러갈까? 우리는 대부분 어떤 물건을 살 때 의심 없이 가격 그대로 지불하고 영수증을 끊어온다. 그러나 여기에 우리가 물건 값 외에 지불하는 비용이 또 있다는 것을 아는가? 바로 유통비와 마케팅 비용이다.

지난 시대에는 판매자가 생산한 물건이 소비자에게 다다르기까지 대략 생산자 → 공급자 → 도매상 → 소매상 → 소비자의 과정을 거쳐야 했다. 게다가 대량의 광고의 마케팅 비용까지 덧붙여 물건 값은 생산 비용의 몇 배까지 치솟았다.

다시 말해 소비자들은 여러 단계의 유통 비용과 마케팅 비용까지 지불하면서 값싼 물건을 비싸게 사들일 수밖에 없었다.

그러나 이제는 달라졌다. 인터넷(internet)과 인적 네트워크(network) 혁명의 시대라고 불리는 21세기에 가장 크게 성행하는 것 중에 하나가 바로 전자상거래 방식을 도입한 인터넷 쇼핑몰이다. 최근 인터넷 쇼핑몰의 성장은 가히 놀라울 정도이다. 뿐만 아니라 인터넷을 이용한 소비 흐름은 우리의 구매 방식까지도 바꾸어놓았다.

첫째, 인터넷 상에서 클릭 한번으로 물건 구매가 가능한 전자상거래가 발달하면서 기업들의 가격 경쟁이 시작되었다.

둘째, 인터넷을 기반으로 회원제 인적 네트워크를 운영하는 소규모 기업들이 안정적인 입지를 구축하기 시작했다.

네트워크 비즈니스 또한 바로 이런 물결을 타고 생겨난 새로운 사업이다. 네트워크 비즈니스는 점포 없이 직거래에 가까운 가격으로 물건을 구매한다. 인터넷 공간을 이용하고, 인적 네트워크를 구축해 사업을 함으로써 생산 기업의 마케팅과 유통 비용을 내 몫으로 가져온다. 즉 평상시에 쓰던 물건을 사업자로서 사는 것만으로도 일정 금액을 보상 받을 수 있고, 나아가 자신이 직접 판매자가 되어 회원을 구축, 회원들의 구매금액에 따라 일정한 차익을 돌려받는다.

이를 네트워크 회원제 비즈니스라고 하는데, 이는 점포나 별다른 사업비용 없이 온라인, 오프라인 상에서 일종의 시스템을 구축하므로 리스크가 없는 최고의 안정성을 가진다. 네트워크 비즈니스로 부자가 된 이들도 이 시스템을 기하급수적으로 늘림으로써 많은 로열티를 받게 된 사람들이다.

미국의 경우 80년대에 이 네트워크 비즈니스을 통해 매해 20%씩 신흥부자들이 탄생한 바 있다. 그들은 각자의 이웃과 가족, 나아가 낯선 이들에게 자신들의 질 좋은 물건을 가장 합리적으로 이용하게 했다. 그리고 일정한 네트워크 회원을 구축해 꾸준한 수익을 얻었다.

물론 우리나라 사람들에게 사업이란 많은 자본이 필요한 일처럼 여겨진다. 그러나 앞서도 설명했듯이 이 시대의 엄청난 사업은 자본과 비례하지 않는다. 오히려 시대의 흐름 속에서 블루오션을 찾는 것이 더욱 빠른 성공의 지름길이다.

그런 면에서 적은 자본을 이용해 일정한 상품을 직접 구입하고 주변 사람에게 권하는 것만으로도 고정적인 수입을 얻을 수 있는 네트워크 비즈니스 시스템은 가장 안정적인 사업이다. 새롭게 도전해볼 만한 우리 생활과 가장 가까운 사업이다.

왜 네트워크 비즈니스를 해야 하는가?

우리나라는 인터넷과 관련해 최고로 우수한 기술을 보유하고 있다. 현재 한국의 디지털 파워는 국내는 물론 세계의 문화와 예술, 정보의 교류, 더 나아가 지식 산업까지 그 영향력이 닿지 않는 곳이 없다. 심지어 한류 물결도 큰 부분을 인터넷과 디지털 글로벌화에 기대고 있지 않은가?

하지만 그 중에서도 가장 큰 영향을 미치는 분야가 있다면 바로 경제일 것이다. 현재 인터넷을 기반으로 한 수많은 수익 시스템들과 사이트들, 콘텐츠 등 통신 관련 신종 산업들이 크게 각광받고 있는 것만 봐도 잘 알 수 있는 사실이다. 잘 갖춰진 통신 인프라들을 바탕으로 하나의 거대한 '디지털 경제'가 형성되고 있는 것이다.

실제로 유통산업연구소에서 발표한 인터넷 쇼핑몰의 매출

액은 그야말로 놀라울 정도다. 2007년 기준으로 약 15억 9,000만 원, 이는 전체 유통업 매출 규모 158억 원의 약 10%에 달하는 규모다. 그런가 하면 인터넷과 이동통신의 여러 콘텐츠 결제, 그 외에 여러 통신 사업 등을 고려하면 인터넷에서 막대한 금액들이 오고 간다는 것을 알 수 있다.

다시 말해 인터넷 상에 엄청난 돈의 흐름이 형성되고 있으며, 이를 이용하는 사람과 그렇지 않은 사람 사이에 필연적으로 부의 차이가 생겨날 수밖에 없다. 또한 디지털 파워는 세계의 문화와 경제를 하나로 묶어낸 것은 물론, 세계를 대상으로 한 비즈니스의 형태까지도 변화시켰다.

현재 비즈니스는 크게 두 흐름으로 가고 있다. 하나는 이른바 몸집 불리기로, 이는 기업을 합병하는 것을 뜻한다. 또 하나는 반대로 거대한 기업을 작은 단위의 독립된 기업으로 분리 운영하는 것이다. 예를 들어 합병을 통해 독점적인 위치를 차지하는 회사가 있는 반면, 자사의 지분을 디지털 소비자들에게 나누어 네트워크 비즈니스와 함께하는 회사들도 등장했다. 우리나라의 유수 통신회사 등도 여기에 속한다.

심지어 기업 합병을 한 기업도 내부적으로는 분권과 네트워킹을 지향한다. 외형적으로 몸집은 크지만 사업단위 별로 네트워크로 연결하여 운영되고 있으며, 이 모든 것을 가능하게 해주는 것이 바로 정보통신 기술을 활용한 네트워크비즈니스다.

즉 요즘은 거대 기업이 아닌, 거대 네트워크가 힘을 발휘하는 시대다. 소기업들도 네트워크로 디지털 소비자들과 연대하며 큰 기업에 못지않은 이익을 낸다. 그리고 이처럼 기업들이 하나의 거대 네트워크를 형성하는 시대, 소비자는 더 이상 기업의 물건을 사주는 소비자를 넘어 기업과 연대해 자신의 사업을 펼쳐나갈 수 있는 1인 창업의 기회를 맞이하고 있다.

시대를 앞서
성공 가능성을 찾자

네트워크 비즈니스란 쉽게 말해, 디지털 시장을 기반으로 소비 패턴을 바꿔 그간 불필요하게 지불해왔던 유통비와 광고비를 내 호주머니로 돌려받는 일이다.

뒤에서 자세히 살펴보겠지만 이들을 디지털 소비자, 신 프로슈머라고 부르는데, 이들의 세상에서 소비자는 단순한 소비자로 분류되지 않는다. 여기서는 기업과 소비자가 협력하고 그 안에서 함께 이익을 얻고 발전하는 윈윈의 소통 방식이 이뤄지기 때문이다.

사람들은 누구나 행운이 따르기를 원한다. 그러나 행운은 아무런 노력도 하지 않았는데 우연히 하늘에서 떨어지는 금덩이와 같은 것은 결코 아니다. 아니, 하늘에서 뚝 떨어진 것 같은 엄청난 행운도 자세히 들여다보면 절대로 우연히 찾아

온 것이 아니라, 꾸준히 준비한 결과인 경우가 많다. 혹시 여러분도 지금 난관을 돌파할 만한 새로운 방법을 준비해야 하지 않을까?

자동차 왕이라고 불렸던 헨리 포드를 보라. 그는 오직 부유층만이 차를 소유했던 시대에 자동화 시스템을 도입해 단가를 낮춤으로서 자동차를 모든 사람에게 공급해주고, 그 자신도 막대한 부를 얻었다.

디지털 경제를 기반으로 한 네트워크 비즈니스 역시 헨리 포드의 자동화 시스템과 마찬가지로 지금껏 여러분이 몰랐던 새로운 세계로 여러분을 안내해줄 절호의 기회가 될 수 있다. 그 해답은 결코 멀리 있지 않다. 여러분이 매일 생활처럼 사용하는 인터넷과 소비재들, 이것만으로도 부담 없는 1인 네트워크 사업이 가능하다.

앞으로 인터넷 사업의 성장 가능성은 무궁무진하다. 아파트 경기가 무너지고 주식이 휴지조각이 되어도 인터넷 세상은 결코 멈추지 않고 더 넓어진다. 심지어 국적이나 국경도 없이 널리 시장이 형성되고 사람들이 소통한다.

한 예로 최근 큰 주목을 받고 있는 '페이스북'을 보라. 세계 각국의 회원들이 몰려드는 이곳에 과연 얼마나 큰 부가가치가 생겨나고 있는지 상상할 수 있겠는가?

물론 이 모두가 '나와는 다른 성공한 사람들의 이야기'라는 생각이 들 수도 있다. 하지만 우리 삶은 무덤에 들어가는 날까지 예측 불가능한 불안의 연속이다. 하지만 그 불안과 예측 불가능함이 때로는 인간을 움직이고 개척하고 모험하게 만드는 힘과 추동력임을 잊어서는 안 된다.

정답을 찾아야 한다는 고정관념과 선입견을 버리면, 우리는 훨씬 강해진다. 지금 경제적 어려움을 겪고 있을 때, 변화의 필요성을 느낀다면, 그때가 바로 선입견으로부터의 탈출을 시도할 때다.

이젠 보상을
받아야 한다

시간은 돈과 같다. 하루하루 꿈을 미뤄둘수록 돈을 잃는 것과 다름없다. 많은 이들이 네트워크 비즈니스에 관심을 가지고 고개를 끄덕이면서도 막상 시작하려 하면 시간이 없다거나, 아는 사람이 많지 않다거나, 나와는 별개의 일이라 생각하고 결정을 미룬다.

모든 사업은 적절한 시간투자, 즉 미래를 내다보는 안목이 필요하다. 어떤 일을 시작했는데 초기에 수익이 나지 않는다고 1~2년 만에 포기해버리는 사람들이 부지기수다. 단적으로 그런 이들은 어떤 사업을 해도 성과를 거두기 어렵다.

네트워크 비즈니스 역시 초기 단기에 많은 수익을 얻기는 어렵다는 점을 기억해야 한다. 대부분의 상품들이 이른바 마진을 남기는 반면, 네트워크 비즈니스의 상품들은 유통 거품을 뺀 최소 마진으로 낮은 가격으로 공급되는 경우가 많기 때문이다.

한 예로 여러분이 한 달에 한 명에게 제품과 사업을 소개해 회원을 구축한다고 가정해보자. 부담 없이 제품을 사용해보고 마음에 들지 않으면 반품해도 좋다. 그러나 만일 그가 제품에 만족하고 사업을 이해할 경우, 그 역시 작게나마 네트워크 인맥을 구성하기 시작할 것이다.

네트워크 비즈니스는 초기에는 힘겹게 10명의 회원을 만들었을지라도, 이런 방식을 통해 10명이 100명으로 불어나는 시간은 훨씬 단축된다. 또한 처음에는 5천 원짜리 치약 하나로 시작했을지라도 여러 제품을 하나씩 재구매하기 시작하면 소득도 덩달아 증가한다.

나아가 이 소득이 1년이 아닌 10년,20년 이어진다면 어떻겠는가? 비록 처음의 금액은 적어도 그 합산은 우리가 상상하는 이상의 것이 된다.

참고로 이 사업은 온종일 시간을 투자할 필요가 없고, 하루 2~4시간을 여유대로 투자하면 충분히 끌어갈 수 있는 만큼 오히려 직장을 다니거나 시간의 여유가 있을 때 세컨드 잡으로 시작하는 것도 좋다. 어느 정도 시간의 여유를 가지면 조급하지 않은 마음으로 상대를 만날 수 있고, 내 위치가 탄탄하면 상대도 내 말에 귀를 기울여주게 마련이다.

인터넷이 낳는 황금알의 세계

세계의 판도를 완전히 뒤바꿔버린 산업혁명에 대해 한 번쯤은 들어본 적이 있을 것이다. 한 시대의 변화에는 언제나 기술의 발전이 함께 간다. 그렇다면 21세기의 문명을 결정짓는 기술의 발전은 어떤 것이 있을까?

최근 인류의 삶을 바꾼 최고의 기술혁명으로 꼽히는 두 가지가 있다. 하나는 의학기술의 발전이다. 암 치료, 대체 장기 개발, 부작용 없는 의학적 시술의 개발 등 수명연장을 위한 각고의 노력들이 성과를 거두면서 인류의 평균수명이 급격히 증가했다. 이제 앞으로 20년이면 평균수명이 100세를 넘을 것이라는 전망을 낳고 있다.

중요한 것은 이 같은 의료 기술 발전이 의료 사업의 폭발적인 성장을 낳고, 의료 직종에도 장밋빛 전망을 제공하고 있다는 점이다. 이것도 어찌 보면 기술 발전이 가져온 부의 흐름 이동 사례로 볼 수 있다.

그런데 의료기술 발전과 더불어 하나같이 손꼽는 획기적인 기술 혁명이 하나 더 있다. 바로 인터넷 혁명이다.

주변을 둘러보라. 2000년대 들어 인터넷은 우리 삶의 근간까지 바꾸어놓았다. 공공기관이나 기업은 물론, 전 세계가 인터넷으로 연결되고, 인터넷 없는 생활은 상상조차 하기 어려워졌다. 나아가 인터넷 기반을 토대로 한 수많은 새로운 사업들이 탄생하고 있다는 점도 주목해야 한다. 열정과 창조의 신화 애플사의 스티브 잡스, 페이스북의 창업자인 마크 주커버그 등의 놀라운 사업 확장을 보라. 이들은 물리적 투자에서 벗어나 인터넷 공간에 대한 새로운 개념을 구축하고, 그 안에서 가늠할 수 없는 크기의 부가가치들을 생산하는 데 성공한 사람들이다.

비단 세계적으로 잘 알려진 유명 인사들뿐만 아니다. 불황의 시대 극적인 변화를 모색하고자 하는 기업들이 제 1 매체였던 TV와 신문 대신 인터넷을 새로운 광고의 지평으로 삼기 시작한 것은 어떤가?

심지어 일반인들도 인터넷의 정보라는 황금알을 토대로 새로운 사업에 도전하고 있는 것이 지금의 추세다. 물론 인터넷 기반 사업에는 다양한 종류가 있고, 각각의 장단점이 존재한다. 그렇다면 앞서 살펴본 것처럼 적절한 시스템 하에서 실현 가능한 사업으로는 어떤 것이 있는지도 살펴봐야 할 것이다.

03

절대
손해보지 않는
비즈니스 기회

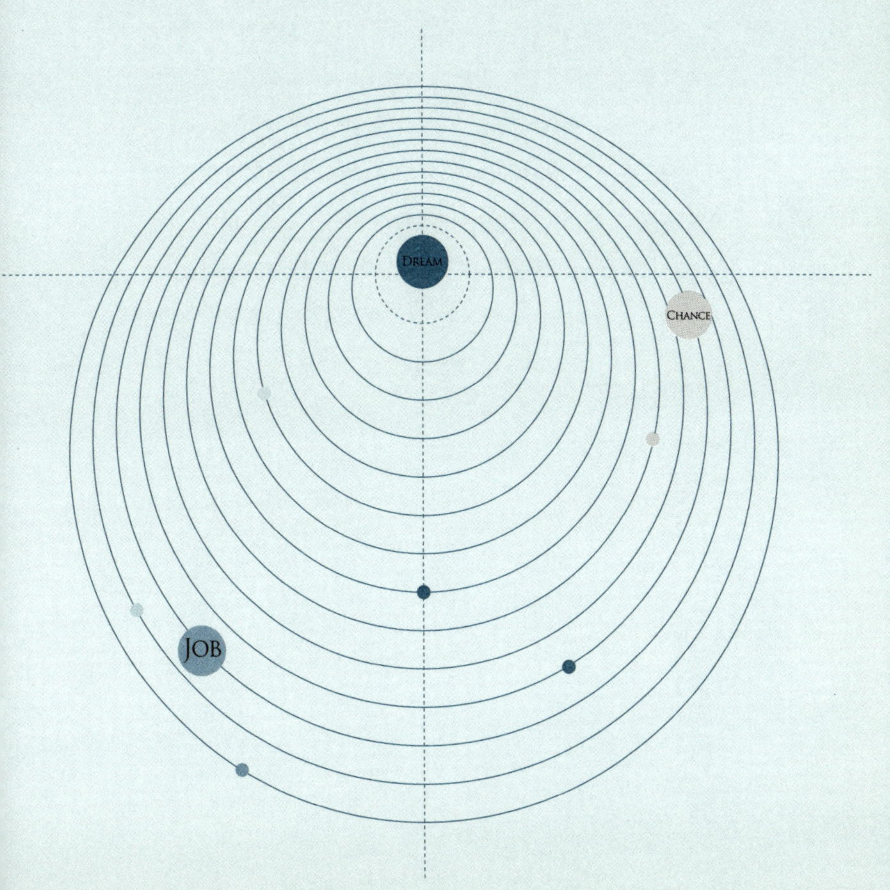

자본주의사회에서 사업이란 기본적으로 경쟁을 원칙으로 한다. 이 때문에 기업은 물론 개인들도 자신의 능력과 영역을 키워 시장을 선점하기 위해 모든 역량을 총동원한다. 이렇게 해서 경쟁에서 이긴 기업이나 개인은 승승장구하지만, 나머지 후발주자들은 파산과 몰락의 늪으로 빠져들기 십상이다.

이런 자본주의 경쟁 시스템의 폐해는 더 이상 공정하고 공평한 방법으로 부를 쌓아야 한다는 사회 질서의 마지막 보루마저도 무너뜨리고 있다. 언제까지 이 같은 승자독식의 세상에서 작은 크기의 파이에 만족하고 살아갈 것인가?

네트워크 비즈니스는 미국에서 시작되어 현재 전 세계에 널리 퍼져 있다. 이처럼 세계의 많은 사업자들이 협력할 수 있었던 근원에는 이 비즈니스만의 특별한 윈윈 시스템이 구축됐기 때문이다. 타인의 성공이 곧 나의 성공이 되는 네트워크 비즈니스의 윈윈 시스템에 대해 상세히 살펴보도록 하자.

네트워크 비즈니스에
승자독식은 없다

현대사회는 치열한 경쟁사회다. 강한 자가 살아남는 세상이다. 기업들끼리, 심지어 가까운 사람들끼리도 법적으로 서로를 고소하고 고발하며, 네가 죽지 않으면 내가 죽는다는 심정으로 거의 전쟁을 하고 있다.

세상이 험하니, 부모들도 애초부터 자식들에게 가난을 물려주지 않기 위해 엄청난 사교육비를 지출한다. 그리고 억압적인 교육을 받은 아이들은 정작 사회에 나가기도 전에 경쟁을 체험하고 정신은 죽어간다.

이런 사회에서는 이른바 형평성도 제대로 발휘 할 수 없을 뿐더러 서로를 배척하는 극단적인 증오가 횡행하게 되며 사회적 합의가 어려워지게 된다.

그렇다면 어째서 상황이 이토록 악화된 것일까? 여기에는 필연적으로 자본주의의 모순점인 '부의 편중'이 지탱하고 있다.

현대사회의 구조를 도형으로 그려보자. 흔히 양극화가 벌어지는 세상의 형태는 8자 형태이다. 중간 계층이 무너지면서 빈곤층으로 하락하고, 반대로 상류층은 더욱 견고해지면서 빈곤층과 상류층 사이에는 도저히 넘을 수 없는 두꺼운 벽이 만들어지게 된다. 오직 상류층과 빈곤층만 존재하는 8자 형태가 나타나는 것이다.

그렇다면 이 같은 불평등한 사회에서 벗어나 인간다운 삶을 누릴 방법은 없는 걸까? 또한 여러분은 앞으로 어느 계층에 속하게 될까? 비록 지금은 일정한 수입이 있다고 쳐도, 매 순간 경쟁에서 뒤처지면 곧바로 나락이라는 불안을 안고 살아가게 된다.

시작과 함께 삶도 바꿀
유일한 선택

마이크로소프트 사의 빌 게이츠조차도 자신이 만일 소프트웨어 사업을 하지 않았더라면 네트워크 비즈니스를 시작했을 것이라고 말한 바 있다.

아무리 좋은 제품도 합리적인 유통 방식으로 소비자와 만나지 못한다면 실패할 수 밖에 없음을 인식하고, 생산자와 소비자가 직접 만나는 네트워크 방식을 최고의 마케팅 방법으로 꼽은 것이다. 세계적인 백만장자의 말이니 의심할 바 없겠지만, 실제로 네트워크 비즈니스는 국경을 넘어 수많은 부자들을 만들어냈다.

그렇다면 네트워크 비즈니스는 과연 어떤 방식으로 무궁무진한 부를 창출해낸 것일까?

좋은 사업 아이템에는 몇 가지 조건이 필요하지만 그 중에 가장 중요한 것은 보편성과 공평성이다. 좋은 사업이란 진입 장벽이 낮고 모두에게 공평한 보상을 해주어야 한다. 그런 면에서 네트워크 비즈니스는 누구에게나 균등의 기회가 주어지며, 정보와 기술을 나누며, 타인의 성공을 발판 삼아 나도 성공 하게 하는 사업이다.

사실 우리 사회는 학벌과 성별, 자본과 경험 등에 얽매여 자신의 꿈을 펼치지 못하는 경우가 왕왕 있다. 하지만 디지털 네트워크를 통한 사업들은 다르다. 네트워크 비즈니스의 공평성은 다음의 몇 가지 원칙을 가진다.

● 자본에 대한 위험성이 없다

자본금은 사업을 하려는 사람에게 가장 어려운 난관 중에 하나이다. 작은 구멍가게를 하나 열어도 현실적으로 적지 않은 자본금이 들어간다. 직접 사업을 해보려고 자료를 수집해본 경험이 있다면 금방 이 사실을 알 것이다.

그러나 네트워크 사업은 많은 자본을 필요로 하지 않으며, 굳이 자본이 필요한 부분을 찾자면 사업 전개에 들어가는 비용 정도이다. 나아가 이 사업은 점포가 필요 없는 무점포 사업인 만큼 점포 비용 역시 필요 없다. 또한 회사에서 모든 관리 비용 일체를 제공하며 재고 부담 역시 가질 필요가 없다.

● 시간에 대한 규제가 없다

　네트워크 사업은 현재 직업을 가진 사람도 투잡으로 활용이 가능한 비즈니스이다. 직장처럼 매일 8시간을 근무하는 것도 아니며, 일반 자영업처럼 가게 문을 항시 열어두어야 하는 것도 아니다. 일정 정도 궤도에 오르면 하루 2~4시간 투자만으로도 충분히 사업을 영위할 수 있다. 이런 장점 때문에 네트워크 사업은 처음에는 부업으로 시작했다가 일정 수위에 올라 충분한 소득을 얻게 되면 전업으로 전향하는 경우가 일반적이다.

● 시스템에 대한 윈윈이 가능하다

　사업 성공에 경험은 아주 중요한 요소이며, 경험 부족은 실패를 불러오는 첫 번째 요인이다. 하지만 네트워크 비즈니스는 기본적으로 서로가 경쟁 상대가 아닌 협력 관계에 있는 윈윈 시스템이며, 경험 많은 사람이 경험 없는 사람을 도와주는 멘토 체제를 지향한다. 따라서 사업을 시작해 어느 정도 자리를 잡을 때까지는 경험자들의 적극적인 도움을 받을 수 있다. 왜냐하면 네트워크 사업은 상대를 성공시키는 것이 자기 자신의 성공으로 이어지기 때문이다.

● **학력에 대한 차별성이 없다**

대한민국이 학벌 사회라는 것에는 이의가 없을 것이다. 하지만 이 사업은 학벌에 구애 받을 이유가 없는 믿음과 신뢰의 사업이다. 아무리 학력이 낮아도 그가 바른 생각과 행동으로 서로가 함께하면 가장 존경 받는 리더로 성장 할 수 있다.

● **나이에 대한 제한성이 없다**

대부분의 사업은 20세 미만과 60대 이상에게는 불리한 조건을 가진다. 하지만 네트워크 비즈니스는 18세 이상이면 누구나 할 수 있고 정년퇴직의 개념도 없다. 나아가 나이뿐만 아니라 성별에도 제한이 없어 남녀노소 누구나 시작해볼 수 있는 사업이다.

이처럼 네트워크 비즈니스는 차별이 존재하지 않는 평등을 기반으로 한 사업이다. 나아가 비슷한 맥락에서 네트워크 비즈니스가 크게 성장할 수 있었던 가장 큰 기반은 '타인의 성공이 곧 나의 성공' 이라는 윈윈 시스템이 네트워크 비즈니스에 구축 되어 있기 때문이다. 다음 장을 살펴보자.

찾고 배우면서
시작된다

네트워크 비즈니스의 가장 큰 장점은 먼저 사업에 참여하고 있는 이가 무경험자에게 정보를 전달해 그가 한 사람의 사업자로서 자리를 잡을 수 있도록 하는 무한 교육 시스템에 의한 사업이라는 점이다.

성공이란 기본적으로 함께하면서 이루어 진다. 어떤 사람들은 부자를 부정적으로 생각한다. 내가 멋진 생활을 하면 다른 사람들에게 위화감을 주고 탐욕 때문에 이들을 가난하게 만들지도 모른다고 믿는다. 20세기에는 그랬을지도 모른다. 21세기에서는 모두가 함께 성공으로 향할 수 있는 시스템으로 구축되어 있다. 정보와 지식 사회에서는 내가 많이 가졌다고 그 정보와 지식의 양이 줄어드는 게 아니다. 반대로 그것을 많이 공유할 때 모두가 함께 부자가 된다. 내가 성공하려면 먼저 남을 도와야 하며, 나를 통해 더 많은 성공자를 배출해야 내가 성공한다.

실제로 네트워크 비즈니스가 가진 탁월한 면 중에 첫째는 성공 시스템의 자유로운 개방이다. 네트워크 비즈니스는 기본적으로 성공한 사람이 파트너와 함께 성장한다. 경험이 가장 중요한 사업에서 경험자가 나서서 자신의 성공 원칙을 전달하고, 그것이 더 많은 사람들의 성공을 이끌어내는 초석이 되는 것이다.

실로 성공한 사람들을 가만히 살펴보라. 밖에서 볼 때 이들 대부분은 혼자 열심히 일해서 자수성가한 것처럼 보인다. 하지만 이들은 결코 혼자 성공한 것이 아니라 성공한 사람들 주변에는 항상 성공한 사람들이 있다. 성공한 이를 멘토로 두어 그의 인적 네트워크의 구축 노하우를 배움으로써 성공에 한층 가까이 다가가며, 이들이 모인 자리에서 성공한 사람들의 내면적 힘과 열정을 배워볼 수도 있다. 즉 이처럼 원원 시스템이 자리한 비즈니스라면 무경험자도 충분히 도전해볼 만하다.

그렇다면 네트워크 비즈니스의 전달이 어떤 방식으로 이루어지는지도 살펴봐야 한다.

성공을 복제하는
윈윈 시스템에 있다

어떤 일이건 무작정 노력하는 것만으로는 남들이 부러워할 만한 성취와 부를 얻기가 어렵다. 이때 주목해야 하는 것이 앞서도 설명한 시스템의 유무이다. 성공하고 싶다면 가장 먼저 성공의 시스템을 익힐 필요가 있다. 네트워크 비즈니스가 성공을 전달할 수 있는 사업인 이유도 시스템 자체가 내재한 성공의 모방과 복제 법칙에 있다.

우리는 성인이 되는 순간부터 스스로의 결정으로 살아간다. 이전에는 많은 보호와 도움, 때로는 충고도 받았지만 이후부터는 보호와 도움, 충고도 어디까지나 성인으로서 자율적으로 받아들인다. 다시 말해 위험과 실패 가능성은 늘고, 보조와 보호 가능성은 줄어든다.

이는 직장을 다니거나 사업을 할 때도 마찬가지이다. 훌륭한 교육 시스템이 존재하지 않는 대부분의 직장과 사업에서는 홀로 어두운 길을 가야 한다. 이처럼 경험이 부족한 상태에서 가장 필요한 도움은 성공한 사람을 모방할 수 있는 기회이다. 내가 미처 보지 못한 것들을 보고, 내가 미처 경험하지 못한 것들을 경험한 사람을 모방하는 것만으로도 어두운 길을 밝힌 등불을 얻게 된다. 도로를 달리는 자동차들을 보라. 자동차는 과거의 마차를 모방함으로써 탄생한 발명품이다. 하늘을 날아다니는 비행기 역시 새의 비행 능력을 모방해 제작된 것이다. 따라서 우리도 '모방'이라는 단어를 단순한 베끼기가 아닌 새로운 창조의 디딤돌로 생각해야 한다.

이는 인간적인 측면에서도 마찬가지다. 누구나 살아가면서 본받고 싶은 인생과 성공을 발견하게 마련이다. 그 사람은 기업가일 수도 있고, 학자일 수도 있고, 또는 다른 분야의 누군가일 수 있다. 이때 그 사람의 삶을 모방하고 복제함으로써 그의 인생을 나의 것으로 재창조하는 것이야말로 그의 성공을 내 것으로 만들 수 있는 가장 효율적인 방법이다. 즉 누군가를 멘토 삼아 그의 삶과 성공을 분석하고자 하는 노력을 통해 우리는 몇 단계 더 크게 성장할 수 있다.

실제로 사업에서 배우고자 하는 세미나와 소규모 미팅 자리를 빠지지 않고 참석하는 것 역시 성공한 이들의 열정으로 스스로를 동기 부여하는 좋은 기회가 된다.

시스템 속에 성공이 있다

시간을 돈과 맞바꾸는 옛 방식에 맞서 '정기적 수입'이라는 진지를 구축하는 방법에 대한 잘 알려진 우화가 하나 있다. 쉬어가는 기분으로 살펴보자.

어느 사막에 A와 B라는 두 젊은이가 있었다. 이 두 젊은이는 물통을 나르며 하루하루 생계를 꾸리고 있었다. 그러던 어느 날 청년 A가 B에게 말했다.

"지금 상황으로는 하루 먹고 사는 것도 빠듯하겠어. 우리 당분간은 힘들겠지만 미래를 보고 작업 하나를 하는 게 어때? 파이프라인을 설치해서 저 오아시스의 물을 끌어와서 장사를 하는 거야."

하지만 B는 이 제안을 거절했다. 지금 하는 일만으로도 하루 먹고 살 걱정은 없었기 때문이다. B가 일찍 일을 끝내고 집으로 돌아갈 때, A는 늦은 시간까지 홀로 남아 조금씩 파이프라인을 설치해갔다. B는 바보스러울 만큼 묵묵히 파이프라인을 놓는 A를 보며 사서 고생이라고 혀를 찼다.

그러나 시간이 흘러 결국 파이프라인이 개통되었다. 이후 두 사람의 운명은 어떻게 달라졌을까? A는 일찍이 말했듯이 파이프라인 사업을 시작해 크게 성공했다. 반면 B는 일자리를 잃었다.

하지만 A는 자신의 성공을 혼자만 즐기지 않았다. 그는 실직한 B를 찾아 마을부터 시작해 전 세계로 이 파이프라인 시스템을 퍼뜨리고, 그렇게 얻은 수익을 작은 금액만 몫으로 챙기자고 제안했다.

수년이 흘러 그들은 은퇴했지만, 전 세계로 확장된 그들의 파이프라인 사업은 아직까지도 연간 수백만 달러가 되어 그들의 은행계좌로 꼬박 꼬박 입금되고 있다.

네트워크 비즈니스를 통해 로열티 수입을 쌓는 일도 결국은 파이프라인을 구축하는 것과 같다. 또한 이 파이프라인은 로버트 기요사키가 말한 시스템으로 바꿔 말할 수 있다.

직장인들은 막상 다닐 때는 어떻게 생계를 유지하지만, 퇴직 이후에는 막연해지기 십상이다. 자영업 역시 막상 내가 몸이 아파 드러누우면 누구도 대신해서 해줄 수 없다는 점에서 하루 8시간 매여 있는 직장인과 다를 것이 없다.

투자는 또 어떤가. 자본금 많은 부자들에게는 위험도 적겠지만, 보통 사람들은 자칫 잘못 투자해 손실을 입을 경우 돌이키기 어려운 경우가 더 많다.

하지만 정기적인 로얄티 시스템을 가진 네트워크를 구축해놓는다면 상황은 달라진다. 마치 사막에 파이프라인을 놓듯이 이런 사업의 네트워크는 막상 구축할 때는 오랜 시간이 걸리지만, 한 번 결성되면 잘 와해되지 않으며 비가 오나 눈이 오나 일정한 인세 수입이 평생 통장으로 들어온다.

비즈니스는 농사와도 같다. 봄에 씨를 뿌리지 않으면, 가을에 곡식 한 톨 얻을 수 없는 것과 마찬가지다.

시스템의 구축은 풍성한 가을을 위해서는 반드시 거쳐야 하는 관문이며, 이것을 피하고는 결코 정기적 수입이라는 과실을 딸 수 없는 셈이다. 그렇다면 이처럼 시스템을 갖춘 비즈니스는 무엇이 있는지도 살펴보자.

04

시작
하기

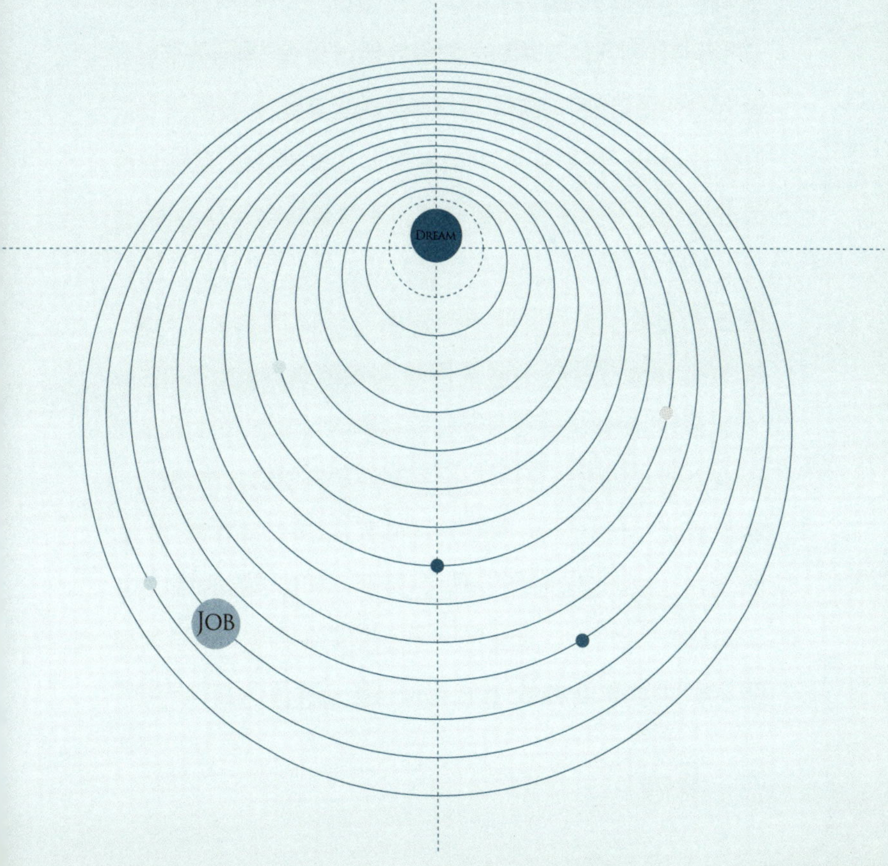

무엇이건 시작은 쉽지 않을 수 있다. 네트워크 비즈니스 역시 무작
정 뛰어든다고 성공할 수 있는 사업은 아니다. 이 역시 다른 비즈니
스와 마찬가지로 단계식으로 밟아야 할 몇 가지 과정이 있다. 단언
컨대 이 과정을 뛰어넘고 운만으로 성공하는 사람은 결코 많지 않
으며, 남들 눈에는 벼락부자가 된 것처럼 보이는 사람도 결국 과정
을 준비해온 기간이 훨씬 길었다.

그렇다면 여러분은 어떤 마음으로 이 사업을 시작해야 할까? 다음
은 네트워크 비즈니스에 참여하기 위해 갖춰야 할 핵심적인 지침에
대한 간략한 가이드들이다. 어렵다고만 생각지 말고 하나씩 습득하
다 보면 비즈니스는 물론 여러분의 삶에도 큰 도움이 될 것이다.

항상 비즈니스 정보에
민감하라

현대화 사회에서 정보는 돈과 같다. 각각의 시대마다 중요한 화두가 있고, 돈 버는 기회나 비즈니스도 이 시대의 화두를 통해 이루어 진다. 주의를 게을리 하지 않고 항상 화제가 풍부한 사람은 다가온 기회를 단호하게 붙잡을 수 있다.

나아가 사업이 실패하는 이유도 이런 정보 부족에서 기인한다. 제대로 알아보지도 않고 감정적으로 사업을 선택한 뒤 마음에 들지 않거나 초기 수익이 나지 않으면 금방 그만두고, 또 다른 사업을 찾아 나서기 때문이다.

따라서 실패 가능성을 줄이려면 사업 선택 시에 '한 우물을 파도 아깝지 않은' 아이템을 숙고해서 선정하고, 일단 사업에 돌입하면 당장 수익이 많지 않더라도 장기적인 안목으로 꾸준히 사업 가치를 높이기 위해 노력해야 한다. 그렇다면

네트워크 비즈니스는 정보와 관련해 어떤 방향성을 가지는
지도 살펴보자.

● 네트워크 비즈니스의 정보는 장기적인 경기 사이클과 관련이 있다

어떤 이는 가장 좋은 정보를 물리적 투자 정보라고 말한다.
주식과 부동산, 펀드 등이 등이 돈 벌기에는 가장 낫다는 것
이다. 이 역시 한 사람을 부자로 만드는 좋은 기회가 되기도
하지만, 이제는 단순 투자가 아닌 경제 흐름 속에서 새로이
탄생하는 시장 정보가 성공을 향한 필수과목이 되었다.

그런 면에서 네트워크 비즈니스의 정보는 범주를 넓혀 세
상을 보다 광범하게 바라보는 안목이 필요한 일이다. 경제적
흐름을 염두에 두고 그 안에서 블루오션이라 여겨지는 성공
의 아이템을 자신의 삶에 도입해 확장시킬 수 있는 능력을 길
러야 한다.

경기에는 일종의 사이클이 있다. 불황이 오고 나면 호황이
오고, 일정 정도 호황이 지나가면 다시 불황이 온다. 이 같은
경기의 고점과 저점을 예상하면 그에 걸맞은 아이템들을 선
정할 수 있고, 나아가 불황에 대비하는 방법 또한 찾아갈 수
있게 된다.

실로 네트워크 비즈니스의 제품은 결코 한정되어 있지 않

다. 현재는 130만 원 이하의 품목만으로 사업을 할 수 있도록 되어 있지만, 앞으로 이 같은 가격 하한제는 변동될 가능성이 크다. 그렇게 되면 네트워크 비즈니스가 다루게 될 품목 범위는 폭발적으로 넓어진다. 각각의 시기에 걸맞은 아이템은 무엇인지, 어떤 상품에 주력할 것인지 스스로 고민할 때 그의 성공 가능성도 커지게 된다.

● **새로운 것에 도전해보는 것을 주저하지 않되, 위험과 이득 계산을 철저히 하라**

네트워크 비즈니스는 꾸준히 발전하고 확장해가는 사업이다. 자영업도 가게 문만 열어놓는다고 장사가 되는 것이 아니듯이, 네트워크 비즈니스 또한 변화와 혁신이라는 두 화두를 항상 잊지 말아야 한다. 적절한 시기, 그에 필요한 요구들을 충족할 수 있는 순발력이 필요한 셈이다.

하지만 무슨 일이건 일단 선택한 뒤에는 뒤로 돌아가기가 어렵다. 정보 중에는 괜찮은 정보도 있지만, 자칫 잘못되거나 과장된 정보도 있을 수 있다. 또한 안정적인 정보가 있는가 하면, 리스크가 큰 정보도 있게 마련인 만큼 정보를 분류하고 선별하고, 가능성과 위험을 타진하는 능력은 필수적이다.

자기계발로
성공 할 수 있다.

크게 성공한 사람 대부분이 독서광이라는 사실은 많은 점을 시사한다. 실로 부유한 상류층일수록 독서량이 현저하게 높다는 통계가 있다. 이는 결국 독서가 한 사람의 사회적 성공에도 영향을 미친다는 점을 보여준다.

독서의 가장 큰 장점은 무엇일까? 바로 풍부한 지식을 쌓을 수 있다는 점이다. 한 설문조사에 의하면, 상류층들은 '무엇으로 지식을 쌓고 자기계발을 하는가' 라는 질문에 50%가 독서를 꼽았고, 나머지 30%가 신문과 잡지 구독을 들었다.

중요하게 언급되는 독서광 중에 한 사람인 중국 최대의 갑부 리자청을 보라. 그는 홍콩의 청쿵그룹 회장으로서 80살이 넘은 나이에도 불구하고 매일 자기 전 30분을 독서로 보냈다고 한다.

심지어 어떤 이는 읽은 책의 양에 따라 버는 돈도 달라진다고 말한다. 많이 읽는 사람은 자기 분야에서 더 많은 지식을 쌓게 되고, 이를 통해 실패를 줄여 더 많은 수익을 얻게 된다는 것이다.

실로 독서는 간접 경험으로 실패를 줄이고 자신감을 북돋아주며, 미래에 대한 그림을 그려볼 수 있는 훌륭한 지식 창고가 아닐 수 없다. 다만 이런 책읽기도 처음 시작할 때는 쉽지 않은 만큼 몇 가지 원칙을 따르면 좋다.

● 목표를 설정하여 읽는다

: 서점가에는 하루에도 수백 권의 책이 쏟아져 나온다. 내키는 대로 책을 집다가는 무엇 하나도 제대로 읽어내기 어렵다. 따라서 지금 내게 걸맞은 책을 찾아내고 고르기 위해서는 '무엇을 하고 싶은지, 책을 통해 무엇을 얻으려 하는지'에 대한 리스트를 작성하고 읽는 것이 중요하다.

● 수준에 맞게 순차적으로 읽는다

: 처음부터 어려운 내용을 도전했다가는 실패하기 십상이다. 한 예로 부자가 되는 재테크를 하겠다고 재테크의 기술을

다룬 책에 덜컥 도전했다면 '뭐가 이렇게 복잡해' 하며 책장을 덮을 수도 있다. 따라서 처음에는 마음, 의식, 생각, 경제, 돈 등 굵직굵직한 사안들을 동기부여로 읽고, 그 다음 세부 사항으로 들어가야 한다.

● 많이 읽기보다는 정확히 이해하며 읽는다

: 읽다보면 여러 권을 성급히 읽으려 드는 경우가 많다. 그럴 경우 겉 핥기 식이 되어 핵심 내용은 스쳐가게 된다. 책이란 여러 번 읽고, 아까워 말고 줄도 치고 메모도 하면서 읽어야 제대로 읽는 것이다. 중요한 내용이 있다면 따로 기록한 뒤 반복해 익혀야 진짜 내것이 된다. 또한 괜찮은 내용을 주변 사람들과 나누면 복습도 되고 동기부여의 기능도 커지게 된다.

● 하루에 1시간이면 충분하다

: '독서광' 이라는 단어를 들으면 덜컥 겁부터 먹는 이들이 많은데, 독서광은 무작정 많이 읽는 사람이 아닌 꾸준히 읽는 사람이다. 하루아침에 독서광이 되겠다고 여러 권을 사들이는 것은 오늘 당장 부자가 되겠다고 돈을 배팅하는 것과 다르

지 않다. 그보다는 오늘 이 순간부터 하루에 1시간씩 읽기를
시작하면 된다.

나아가 모든 것에 앞서 꼭 알아야 할 한 가지가 있다. 비단
성공한 사람들의 습관이라서가 아니라, 독서는 상상 이상의
효과를 가져다준다는 점이다.

가능하다면 오늘부터 하루 1시간 독서 플랜을 짜보자. 또
한 그 옆에 정리하고 필기할 노트와 펜도 잊지 말자.

신뢰는
기본이다

사업의 절반은 신뢰다. 심지어 동네 식당도 처음 약속을 제대로 지키기 않으면 장사하기가 어렵다.

나아가 사업은 혼자 하는 것이 아니다. 가까운 지인들의 도움도 필요하다. 특히 서로 상품을 소개하며 그룹을 만들어가는 인적 네트워크가 기반인 만큼 네트워크 비즈니스에서는 무엇보다도 신뢰받을 수 있는 자세가 중요하다. 지인들에 대한 신뢰 상실은 곧바로 사업의 추락을 의미하므로, 진정성 있고 진실한 인간 관계를 쌓기 위해 노력해야 한다.

이처럼 네트워크의 주요 기둥인 신뢰를 지키기 위해서는 몇 가지 중요한 원칙에 주의할 필요가 있다.

● 약속은 반드시 지켜라

사업을 성공으로 이끄는 가장 좋은 방법은 자신과의 약속을 굳건히 지키는 것이다. 하물며 아무리 가까운 지인이라도 신뢰가 기본인 비즈니스 세상에서, 그가 나의 사업 관계라면 약속을 지켜야 한다.

특히 유의할 점은 큰 약속만 약속이라고 생각하는 것이다. 신뢰는 오히려 작은 약속들에서 쌓인다. 따라서 사소한 것이라도 약속은 반드시 지키고, 혹시 모를 불찰을 위해 약속한 부분은 아무리 작은 것이라도 따로 적어 기록하도록 한다.

또 하나, 시간 약속에 유의하자. 시간은 그 일분 일초가 우리의 인생과 직결된다. 따라서 시간 약속은 거창하게 말하면 우리 인생의 약속이라고도 할 수 있다. 누군가를 기다리게 하지 말라. 그 한 가지가 당신의 열 가지를 보여줄 수도 있다는 점을 명심하자.

● 과장된 거짓말을 하지 말라

거짓말을 하지 말라는 것은 삼척동자도 아는 사실이지만, 사업에서는 지키기 어려운 원칙 중에 하나이기도 하다. 특히 사업 진행시에, 그 상대가 나를 신뢰하고 귀를 기울인다면 조금이라도 거짓말을 해서는 안 된다. 좋은 것이든 나쁜 것이든 솔직하게 말해야 한다.

그들은 당신과 함께 나아가는, 당신의 성공을 도와 줄 사람들이다. 또 어려운 일이 있을 때 당신을 도와줄 사람도 이들이다. 만일 이들을 잃는다면 사업 전체를 잃는 것과 다름없는 만큼 무슨 일에서건 솔직하도록 하자.

● **눈앞의 이익에 연연하지 말라**

신뢰를 뒤흔드는 가장 큰 적은 눈앞의 이익이다. 네트워크 비즈니스는 장기적인 계획을 통해 성장해가는 사업인 만큼, 작은 이익에 좌지우지하는 성향은 큰 장애물이 된다. 단기 이익에 치중하다 보면 무리한 언행을 하기 쉽고, 그럴 시 약속과 신뢰를 무너뜨리는 사고가 발생할 수 있다. 이렇게 한 번 깨진 신뢰는 다시 극복하기가 어렵다. 따라서 사람을 만날 때는 이 자리에서 단번에 이익을 얻겠다는 생각을 버리고, 그와 진심으로 동행하고 싶다는 마음으로 진지하게 임해야 한다.

인간관계를
구축하라

어떤 일을 하건 그 일에 집중하면, 진심으로 대하고 함께 성공할 수 있는 이들을 분명히 만나게 된다. 이들은 언제든 어려움이 있을 때 내 편이 되어줄 수 있는 이들이다.

특히 네트워크 비즈니스는 낯설 정도로 새로운 정보와 지식으로 도전하는 일이므로 일반적인 고정관념과 부딪치기 쉽다. 이때 내 주변에 좋은 인간관계가 구성되어 있으면 강한 확신을 잃지 않고 부정적 시선을 딛고 다시 일어설 수 있는 힘을 얻게 된다. 이처럼 인간관계는 사업을 이끄는 큰 추진력인 만큼, 네트워크 비즈니스의 '성공의 절반은 인간관계에서 나온다' 는 생각으로 임하자.

● 인간관계는 최고의 저축임을 기억하자

사업의 성공의 절반은 인간관계에서 비롯된다는 말이 있다. 특히 네트워크 비즈니스에서는 인간관계가 최고의 자산이라는 점은 굳이 말하지 않아도 알 것이다. 나아가 지금 당장 수익을 내지 않더라도 어려움이 닥쳤을 때나, 성장 일로에 있을 때 등 적절한 순간에 나를 이끌어줄 최고의 저축이자 보험이다.

따라서 인간관계를 맺을 때는 단기적으로 맺을 것이 아니라, 평생 함께 간다는 진심을 보일 수 있어야 하지만, 사실 이를 현실적으로 유지하기는 쉽지 않다. 처음 사업을 시작한 이들의 경우 쉽게 조급해지기 때문이다. 사람은 누구나 자신만의 가치관으로 세상을 판단하는 만큼 상대를 금방 내 편으로 만들기는 결코 쉽지 않다. 그러나 어디서나 진심은 통하게 마련이다. 성의 있고 진실한 태도로 상대를 대하면, 반드시 그 대가를 돌려받을 수 있음을 기억하고 쉽게 의기소침해지거나 포기하지 않도록 자신을 단련시킬 필요가 있다.

● 만남이 사업의 기본이다

아무리 좋은 사업 아이템도 인간관계에 기반하지 않고는

성장할 수 없다. 특히 휴먼 네트워크가 중심이 되는 네트워크 비즈니스는 만남 자체가 사업의 과정이다. 평소 사회생활을 했더라도 막상 네트워크 비즈니스를 시작하면, 사업 전달 시 사람을 만나는 것이 망설여지는 경우가 많다. 하지만 네트워크 비즈니스는 인간관계의 확대를 기본으로 하며, 따라서 사업을 활발하게 진행하고 싶다면 어느 누구와 만나도 무리 없이 대화를 진행할 수 있는 자세를 갖춰야 한다. 혼자서 하기 어렵다면 세미나나 모임 등 자신의 의견을 발표하고 대화를 유연하게 나눌 수 있는 자리를 자주 찾아야 한다. 인간관계도 결국은 훈련과 반복으로 습득할 수 있는 기술임을 기억하고 자신감을 잊지 말자.

● **성공한 사람들과 함께 하라.**

　성공하는 사람이 되는 가장 빠른 길은 성공한 사람, 부자가 된 사람과 자신을 비교해보고 부족한 점을 고쳐나가는 것이다. 성공한 이들은 언뜻 놀고먹는 것처럼 보이지만 사실은 아주 부지런하다. 이들은 얼마나 열심히 움직여 구두 밑창이 얼마나 많이 닳는가가 성공과 부를 결정한다고 믿는 사람들이다. 그들은 성공한 것에 만족하지 않고 그 성공을 유지하고 확대시키기 위해 또 다른 성공의 기차를 타기 위해 바쁘게 뛰어다닌다.

네트워크 비즈니스의 장점은 이처럼 성공한 사람들을 팀이나 세미나 등에서 얼마든지 만날 수 있다는 점이다. 이들이 가까이 있는 덕에 그들의 행동력과 열정이 얼마나 뜨거운지를 몸소 경험해볼 수 있다.

나아가 진정한 부자들은 자신의 성공 법칙을 알리는 데도 열심이다. 이들이 자신의 경험을 말하는 자리가 있다면 빠지지 않고 참석하라. 이들의 열정을 모방하고, 그들의 행동 하나하나를 익혀 내 것으로 만들어야 한다.

투자를
아까워 말라

어떤 사업이건 인풋이 있어야만 아웃풋이 생긴다. 즉 투자 없는 결실은 존재하지 않으며, 처음에는 헛된 낭비로 보였던 투자가 눈덩이처럼 커져 큰 결실로 돌아오는 경우도 있다. 네트워크 비즈니스 역시 다양한 물리적, 심적 투자가 필요한 사업이다. 다만 일정 궤도에 오르면 자연스레 시스템이 작용하며 일정한 수입이 고정적으로 들어오는 만큼 가장 투자에 적극적이어야 하는 시기는 초기 2~3년 정도이다.

다만 네트워크 비즈니스의 투자란 흔히 생각하듯이 자본금 위주의 투자는 아니다. 네트워크 비즈니스는 매장이나 공장을 운영하는 것과는 달리 점포나 인력 상주가 필요한 사업도 아니다. 또한 일정 정도 물건을 구매한 후 판매하는 재고 사업도 아니다. 다만 초기 사업 진행에서는 어느 정도 금액이 지출될 수는 있다.

한편 네트워크 비즈니스는 일종의 시간 투자와 에너지 투자가 중요하다. 많은 자본이 필요하지 않은 만큼 자신의 발로 직접 뛰어야 하지만, 많은 자본금 상실이라는 리스크가 없다는 점에서 무경험자도 얼마든지 도전해 볼 수 있다. 다음은 사업 초기 요구되는 투자의 형태와 방향인 만큼 숙지하도록 하자.

● 유지 비용 최소화

위에서 말했듯이 네트워크 비즈니스는 거금의 자본 투자가 필요 없는 사업이다. 다만 초기일수록 수입은 적고 지출은 상대적으로 많을 수 있다. 다만 이 비용은 차비, 기름값, 미팅 시의 작은 비즈니스 키트(보조자료)비용, 찻값, 밥값처럼 우리가 평소 소비하는 금액 한도 내에서 해결이 가능하다. 사실 네트워크 비즈니스를 하지 않더라도 우리는 평소 생활 속에서 먹고, 입고, 즐기는 비용을 일정 정도 책정하지 않는가. 비단 비즈니스를 한다고 해도 이 비용을 크게 넘어서지는 않으므로 가진 자본금이 적다고 크게 걱정할 필요는 없다.

● 시간 투자

　성공한 네트워크 비즈니스 사업자들은 하나같이 자본금 투자보다는 시간 투자에 사활을 건 사람들이다. 이들은 되도록 많은 사람을 만나고, 이들에게 사업을 전달하는 데 시간을 들인다. 도움이 필요하면 먼 거리도 마다 않고 달려가며, 바쁜 시간을 쪼개 다양한 세미나와 모임에도 참석한다. 특히 시간 투자는 이후 큰 결실로 돌아올 수 있는 최대의 수익원인 만큼 자신의 시간을 가장 효율적으로 쓸 수 있도록 노력해야 한다. 직장을 다니면서 투잡으로 이 사업을 진행하는 사람도 시간을 잘 쪼개서 하루에 2~3시간만 투자하면 충분히 승부를 볼 수 있다.

● 열정 투자

　모든 사업은 사람의 열정을 먹고 자란다. 나무를 가꾸고 돌보듯이 그 사업에 대한 애정을 가지고 장인정신으로 이어가야 하는 것이다. 그러려면 그 사업에 대해 많은 정보를 얻고 분석하며 더 깊은 세계를 알아나가려는 호기심과 노력이 필요하다.

　네트워크 비즈니스는 스스로 동기를 부여하고 내면의 힘을 기를 줄 아는 사람에게 절대적으로 유리하다. 따라서 열정과 함께 정보와 지식으로 무장하고자 하는 에너지의 투자 또한 필요하다. 출퇴근 시에 영어 테이프를 들으며 영어 공부를 하고 책을 읽으며 공부하는 직장인과 마찬가지로, 네트워크 사업자 역시 틈이 날 때마다 지식을 쌓는 데 투자를 해야 한다. 최근에는 네트워크 사업자들을 위한 다양한 서적과 테이프, 세미나와 강의 등이 준비되어 있는 만큼 적극적으로 읽고 듣고, 참여하도록 하자.

행동에 따라
성공은 결정된다

아무리 큰 목표도 실행이 따르지 않는다면 소용없다. 바로 '지금' 이 시작할 수 있는 가장 적합한 순간이다.

"성공하는 사람은 문제 속에서 해답을 본다, 그러나 실패자하는 사람은 해답 속에 있는 문제를 본다."는 말이 있다.

누구나 처음 사업을 시작할 때는 두려움, 의심, 실패, 거절, 절망을 경험한다. 이럴 때 필요한 것이 이 모두를 이겨낼 수 있다는 확신, 반드시 성취하겠다는 마음가짐이다. 나아가 심적으로는 이를 습득하고도 막상 몸의 실행에는 게으를 때도 있다. 하지만 실행이 더디다고 자신을 자책하거나 절망할 필요는 없다. 이는 단지 이 모든 것을 실행으로 옮기는 것이 아직 여러분 일상의 습관으로 자리 잡지 않았기 때문이다.

어떤 일이든, 성공하려면 올바른 습관과 실천이 필요하다는 점은 모두가 알 것이다. 계획을 이뤄나가는 도중 무릎이 꺾여도 다시 일어설 수 있으려면, 이런 노력들이 일상 속에서 꾸준히 이루어져야 한다. 이를테면 일기를 쓰듯 생활을 점검하는 습관을 들이고, 지치고 힘들 때 스스로 동기를 부여할 수 있는 외적인 것들을 찾아 나설 필요가 있다. 예를 들어 누군가의 성공 비결을 배우고 싶다면, 그 사람의 자서전을 읽어 생활습관을 따르듯이 말이다.

많은 사람들이 오해하지만, 사실 결의는 어느 한순간에 불쑥 솟아오르는 것이 아니다. 꾸준히 다진 마음의 밭에서만이 결의도 차오르고 열매를 맺는다. 하루하루를 목표로 나아가는 과정으로 생각하고 매순간 충실하라. 그렇게 더 나은 미래를 이룰 수 있다는 확신을 가지게 되면 예전에는 자신 없던 실행도 더 적극적으로 행하게 될 것이다.

05

절대
손해보지 **않는**
시스템 **공유**하기

운동을 하려면 자세를 배우고 그 자세를 가다듬기 위해 훈련한다. 네트워크 비즈니스의 시스템도 이 훈련 프로그램과 같다. 각자의 창의력과 개성을 존중하되 시스템이라는 원리원칙을 충실히 지키는 것이다. 운동 선수나 예술가들을 보라. 그들의 실력 역시 결과적으로 원칙을 충실히 지킴으로써 얻어낸 것이며, 그렇게 키운 실력으로 명예와 부를 거머쥔 것이다. 사업하는 사람도 이 사실에서 크게 벗어나지 않는다. 매일 훈련하고 노력하는 가운데 자신의 꿈을 실현시킬 수 있다.

그렇다면 사업자들의 트레이닝은 어떤 방식으로 이루어질까? 답을 먼저 말하자면 바로 '시스템을 통해서' 이다.

네트워크 비즈니스가 가지는 가장 큰 가치는, 누구나 성공할 수 있도록 검증된 시스템을 가졌다는 점이다. 네트워크 비즈니스의 시스템을 몸에 익히고 다른 이들과 나누기 위해서는 이 시스템의 특징과 실행 방향에 대해 제대로 알아볼 필요가 있다.

시스템 실행 원칙 1 :
시스템을 신뢰하라

사업의 기본은 시스템의 경쟁력에 있다. 시스템이 탄탄해야 안정성과 지속성을 확보할 수 있다. 나아가 시대마다 각광받는 시스템은 그 만한 이유가 있다.

흔히 네트워크 비즈니스 사업을 시스템의 사업이라고 부른다. 실제로 네트워크 마케팅에서 시스템은 아무리 중요성을 강조해도 지나치지 않다.

네트워크 비즈니스를 하기 위해서는 시스템이 내 사업을 성장시키는 기본 틀임을 굳건하게 믿어야 한다. 네트워크 비즈니스의 시스템은 꿈과 열정으로 큰 네트워크를 만들기 위해 발로 뛴 이들이 성공을 거듭하며 그 안에서 건져 올린 원칙과 같다.

많은 사람들이 이 시스템 안에서 성공할 수 있었던 것도 그

세부 사항들이 이미 여러 번의 검증을 통해 확인되었기 때문이다. 좋은 시스템의 세 가지 조건은 다음과 같다.

첫째, 실제로 사업을 전개하는 데 결과가 있다.
둘째, 그 시스템을 사용하는 데 있어서 부작용이 없다.
셋째, 누구나 쉽게 모방할 수 있다.

모든 일에는 첫 단추를 끼우는 일이 가장 중요하다. 네트워크 사업도 마찬가지이다. 처음 시작할 때 시행착오를 줄이면서, 시스템을 따라 네트워크를 구축하는 것이 성공의 지름길이다.

실로 이 사업에서 성공한 사람들은 열이면 열 '시스템을 충실히 따랐다' 고 말한다. 자신의 능력과 노력도 중요하지만, 시스템이 있었기에 성공할 수 있었다는 것이다. 물론 이것이 항상 말처럼 쉽지 않을 수 있다. 사실상 많은 사람들이 네트워크 사업에 대해 무지하거나 잘못 앎으로써 시스템에 대한 신뢰를 잃고 무너지고 만다.

어떤 일은 다른 사람의 힘으로도 성공을 얻을 수 있지만, 경제적인 자유는 오직 내 의지에 의해서만 얻어진다. 지금 많은 성공한 사업자들이 이 경제적인 자유를 위해 열심히 시스템을 따르고 있다. 여러분도 시스템이 바로 사업의 성공 툴

(Tool)임을 기억해야 한다.

스스로 리더가 되어 사업을 이끌어간다는 생각으로, 지금부터 시스템 활용에 대한 세부적인 부분을 점검해보도록 하자.

시스템 실행 원칙 2 :
팀워크를 유지하라

네트워크 비즈니스는 사람을 변화시키고, 변화된 인간관계 속에서 휴먼 네트워크(human network)를 구축하는 일이라고 정의할 수 있다. 서로 협력하여 비즈니스 능력을 신장시키고, 문제가 생겼을 때 서로를 도울 수 있다는 것이 네트워크 비즈니스의 힘이다.

생각해보면 사업도 가족과 친구 관계와 크게 다를 것이 없다. 특히 네트워크 비즈니스는 사람과 사람 사이의 관계가 중심이 되는 이른바 '팀 워크 비즈니스'라고 해도 과언이 아니다. 그렇다면 왜 팀워크가 중요한 것일까?

네트워크 마케팅의 윈-윈(win - win) 정신은 무엇보다도 사람 간의 신뢰와 배려를 바탕으로 한다.

즉 상대방의 성공을 바라는 마음가짐이 중요 하다. 나 혼자만은 절대로 성공할 수 없는 만큼 모두가 함께 꿈을 이루겠다는 다짐이 필요한 것이다.

따라서 고민을 나누고 더 나은 활로를 찾기 위한 핵심 과정을 익힐 필요가 있다. 사업이 올바르게 성장하고 있는지를 스폰서와 분석 점검하고, 사업진행 방향과 계획에 대해 전략을 짜는 것이다.

특히 이 사업은 신뢰의 사업이자 약속의 사업이므로 자신이 말한 것은 실천을 통해 책임을 져야 한다. 그리고 이를 통해 많은 경험을 얻고 성공에 가까워지면, 또 그 힘을 다른 사람에게도 나누어줘야 한다. 서로가 서로에게 힘과 나침반이 되어주는 것, 이게 바로 네트워크 비즈니스의 파워다.

특히 네트워크 마케팅은 스폰서나 업라인이 하고 있는 사업 방식을 모방하여 사업을 진행하는 것이 주요 골자이므로, 팀워크를 굳건하게 유지할 필요가 있다. 앞서 이 사업을 접한 경험자들은 어떻게 사업을 진행하는 것이 성공 가능성이 높은지 이미 알고 있다. 이처럼 능력 있는 스폰서나 업라인을 모방하면, 누군가가 '새로운 방식에 대해 물어올 때' 자신만만하게 근거를 댈 수 있게 된다.

또한 네트워크 비즈니스는 조언 및 충고를 적극적으로 받아들이는 가운데 이루어진다. 내가 배운 것을 파트너 사업자들에게도 가르치고, 모르는 것이 있으면 스폰서에게 도움을 받아야 한다. 네트워크 비즈니스야말로 홀로 할 수 없는 그야말로 팀워크 사업의 결정체다.

나아가 새로운 일을 시도하거나 어떠한 상황에 부딪쳐서 당황하게 될 경우 혼자 고민하는 대신 스폰서나 업라인과 의논하는 것이 좋다.

이를 카운슬링이라고 하는데, 이 카운슬링을 통해 사업적인 지식과 테크닉, 모르는 사항에 대한 해답, 사업적인 진행 상황, 사업의 미래 전망을 얻을 수 있다는 점에서 현실 가능한 목표를 세우고 자신의 상황에 맞춰 사업을 전개할 수 있다.

시스템 실행 원칙 3 :
복제하라

네트워크 사업의 장점 중에 하나는 바로 끊임없이 성공 시스템이 복제를 거듭한다는 것이다. 경험자들이 먼저 습득한 노하우들은 그 자체로 모든 사업자들에게 도움이 된다. 난관을 극복하는 법, 사업을 확장하는 법, 사람을 대하는 방법 등 그 경험의 종류는 그야말로 무한하다. 즉 열심히 배우려는 자세와 마음가짐만 있으면 얼마든지 그 방법을 따라하면서 실패를 줄일 수 있다는 뜻이다.

또 이렇게 시스템을 배울 때는 한 가지 명심할 점이 있다. 바로 내가 배운 노하우를 혼자만 사용하는 것이 아니라 내 파트너들과 함께 나누겠다는 다짐이다. 또한 스스로 구체적이고 체계적인 내용을 갖는 것도 필요하다. 제품과 마케팅, 리더십과 팀워크, 봉사와 서비스정신, 사업전개 같은 전문적인 내용을 들 수 있다.

이 사업은 스스로 배우고, 배운 것을 행하는 모범을 보일 때, 비로소 누군가를 가르칠 수 있게 된다. 그렇게 하다 보면 사업도 성장하고 스스로도 업그레이드되어 '나'라는 1인 기업의 최고 성공자로 성장할 수 있다. 시스템 복제는 다음의 과정을 통해 이루어진다.

- 이 사업의 성공의 핵심은 복제에 있다는 사실을 명심, 또 명심하라. 모든 사업 노하우는 시스템에 의해 교육하며, 진행한다고 전제하라.
- 자신의 파트너를 가르칠 수 있도록 철저하게 배워라. 모르는 것이 있다면 곧바로 물어보고 직접 실행하면서 오류를 줄여가야 한다.
- 직접 후원하는 모든 파트너들에게 성공의 원칙을 배우도록 하라. 네트워크 비즈니스는 이를 파트너와 함께 배우고 실천하는 것에서 성공이 좌우된다.
- 책, 테이프, 모임, 세미나 등을 적절히 활용하라.
- 월 사업설명회(STP)를 많이 할 때 사업도 빠르게 성장한다.
- 네트워크 비즈니스에서 스폰서의 도움 없이 성공하기는 매우 어렵다는 점을 기억하되, 업라인이 멀리 있어 적극적으로 후원을 받기 어렵다면 스스로 리더가 될 소질을 키워가야 한다.

시스템 실행 원칙 4 :
동기를 부여하라

이 사업의 기본은 사업자들에게 의욕을 불어넣어 함께 갈 수 있도록 이끄는 데서 시작된다. 또한 이를 한 번 하고 끝내는 것이 아니라 사업의 전반적인 틀에서 지속적으로 끌고 가야 한다.

하지만 이것이 항상 쉬운 것만은 아니다. 인간은 감정의 동물이라고 한다. 즉 아무리 강한 사람도 갑자기 여러 가지 장애들로 인해 의욕이 상실되고 침체기를 맞이할 수 있다.

이때 그 사람의 사업 상황을 정확하게 체크하고 동기 부여를 할 줄 하는 사람은 훌륭한 리더가 될 수 있다. 그는 조직 관리에 뛰어난 능력을 지니고 있는 것과 다르지 않으므로, 그 능력은 곧바로 그의 성공으로 이어진다.

누군가에게 의욕을 불어넣는 일은 결코 쉽지 않다. 왜냐하면 의욕을 불어넣는 일에 일정한 방법이나 룰이 있는 것도 아니고, 나름대로의 좋은 방법을 계발한다고 할지라도 그것이 모든 사람에게 일률적으로 적용되는 것이 아니기 때문이다.

다시 말해 사람마다 동기 의식을 불러일으키는 요소는 각자 다르다는 점을 기억해볼 필요가 있다. 그러나 한 가지 변치 않는 원칙이 있다. 그것은 바로 의욕을 불어넣기 위한 노력을 지속적으로 기울여야 한다는 점이다. 사람은 자극을 받으면 마음속에서 욕구가 꿈틀거리게 된다. 때로 그 욕구가 추진력이 되는 것이다.

지금부터 우리에게 의욕을 불러일으키는 몇 가지를 살펴볼 것이다. 이 의욕의 근원들을 적절히 활용하면, 최악의 상황에서도 그것을 타개하고 일어설 수 있는 힘을 불어넣을 수 있다. 나아가 이를 타인뿐만 아니라, 나 자신에게도 적용해보자.

● **성공에 대한 본능**

우리의 본능이 일으키는 욕망은 사실상 끝이 없다. 인간은 무엇인가를 애타게 원하다가도 막상 그것을 얻고 나면 그에 대한 흥미가 없어지고, 또 다른 욕구를 가지게 된다.

오죽하면 '욕망이라는 이름의 전차' 라는 문학작품까지 등장했겠는가.

이처럼 끝없는 본능은 때로 족쇄가 되기로 하지만 우리를 이끄는 강력한 힘으로서, 성공을 꿈꾸는 이에게는 좋은 에너지가 된다. 또 수많은 욕망 중에서도 사회적으로 성공해 부를 이루고 싶다는 욕망은, 인간의 가장 큰 욕망 중 하나다. 지금 이 순간도 많은 사람들이 이것을 이루기 위해 달리고 있다. 좌절하거나 열정을 잃은 사람도 이 본능을 기억하고 되살리면 어려움에서 한 걸음 빠져나올 수 있다.

● 꿈을 이루고 싶다는 꿈

우리는 언제나 꿈으로 가득한 미래를 그린다. 인간은 바로 이 꿈을 이루기 위해 살아간다고 해도 과언이 아닐 것이다. 인간의 삶이 지금처럼 큰 발전을 이룩할 수 있었던 것도, 어찌 보면 미래를 그리는 꿈의 능력이 있었기 때문이 아닐까?

의미 없이 삶을 보내던 사람도 확실한 꿈을 가지고 나면 하루하루가 완전히 달라진다. 나날이 활력과 생기로 가득 차고, 고난이 다가와도 쉽게 무너지지 않는다. 그러나 이 꿈을 이야기할 때, 반드시 이 꿈도 구체적인 행동 없이는 아무것도 이룰 수 없다는 점을 명확히 해야 한다. 결국 꿈은 그것을 완성하기 위해 움직이는 모든 활동들 속에서 꽃을 피운다는 점을 차분히 설명해주자.

● 높은 가능성에 대한 확신

야망은 꿈과는 다소 다르다. 꿈보다는 비보편적이지만, 그 간절한 정도는 꿈보다 크다. 우리가 흔히 '저 사람 야망이 커'라고 말할 때 그 대상의 모습을 떠올려보자. 아주 의지 강하고 결단력이 있는 사람을 상상하게 될 것이다.

꿈은 누구나 꿀 수 있다. 하지만 그것을 반드시 성취하겠다는 야망은 누구나 가진 것이 아니다. 즉 원대한 꿈에 그것을 성취하겠다는 야망이 더해지면 큰 힘을 발휘한다. 야망을 가진다는 자체가 높은 가능성을 열어주는 셈이다.

시스템 실행 원칙 5 :
꿈을 구체화하라

멋진 자동차를 타고 여행을 다니는 것, 아이들에게 마음껏 공부할 수 있도록 해주는 것, 사랑하는 사람과 걱정 없이 단란한 시간들을 보내는 것…. 이 모든 것들이 우리가 꿈꾸는 성공적인 삶의 단상들이다.

우리는 대다수 언젠가 이런 꿈들을 이룰 수 있다는 믿음으로 계속해서 일을 해나간다. 하지만 현실은 그리 만만치 않다. 월급봉투 하나만으로는 부족해도 한참 부족할뿐더러 꿈은 점점 더 멀어지는 것만 같다.

꿈이란 우리를 살게 하는 에너지다. 하지만 대다수는 꿈이 없어서가 아니라 하루하루 살기도 벅차다 보니 그 꿈을 잃어버리고 만다. 눈앞에 닥친 일에만 급급하다보니 진정으로 원하는 것을 잃어버린다. 사업도 마찬가지다. 이 사업을 통해 무엇을 얻고자 하는지 깊이 생각해본 적이 있는가?

놀랍게도 많은 사람들이 돈을 벌어 부자가 되는 것을 부끄럽게 여긴다. 재물을 많이 가진 사람들을 '속물' 로 분류했던 우리 사회의 편견 때문일 것이다. 하지만 로버트 기요사키는 "모든 이들은 Secured(갖추었음), Comfort(편안함), 그리고 Rich(부자) 중에서 선택할 수 있다. 그렇다면 그중에서 '부자' 를 선택하라."고 말한 바 있다.

요즘 시대에서는 돈을 벌겠다는 꿈 역시 그 외의 것들만큼 큰 가치를 가진다. 더 좋은 인생, 더불어 풍요로운 삶을 만드는 좋은 돈을 꿈꾼다면, 그 꿈도 이 시대 가장 아름다운 꿈이 될 수 있다.

이왕이면 큰 꿈을 꾸자. 더 큰 힘을 얻을 수 있기 때문이다. 다만 큰 꿈은 자칫 몽상으로 끝나기도 쉬우므로 계획도 더 잘 짜야 한다.

하지만 꿈과 목표, 그리고 계획을 정하는 건 어려운 일만은 아니다. 구체적으로 하나 하나 되짚고 현실 가능성을 타진하는 것만 해도 계획의 시작이 된다. 즉 구체적인 목표와 계획이 선행되면 꿈은 결과적으로 자연스레 얻어진다. 그리고 이처럼 작고 큰 꿈들을 구체화하다 보면 성공도 한결 가까워진다.

시스템 실행 원칙 6 :
긍정하고 열정을 가지라

네트워크 사업에서 성공한 사람들의 경험에 따르면, 사업을 처음 설명하면 대부분이 예상한 반응을 보인다고 한다. 이 사업이 가진 가능성에 무척 흥분하면서도 '뭔가 함정이 있지 않나' 의문을 가지거나 의심, 두려움을 보인다는 것이다.

사실 사업을 시작한다는 것은 여러 위험부담이 있고, 용기 또한 필요하다. 여러 감정이 복합적으로 나타나는 것도 무리는 아니다. 그러나 이런 마음 상태도 사업 속에서 얼마든지 열정과 긍정으로 바뀔 수 있다.

흔히 인간을 '자신의 미래를 그리는 존재' 라고 말한다. 마음에 깃든 의심과 두려움을 거둬내고 그곳을 밝은 긍정과 열정으로 채울 수 있다면, 자신의 성공 가능성을 높이는 것과 다름없다. 다음의 지침들을 읽고 스스로를 동기 부여해보자.

● 끝까지 한다는 다짐으로 역경을 넘어라

사실 이 세상에는 성공한 사람보다 실패한 사람이 훨씬 많다. 도저히 넘을 수 없는 벽을 만났을 때, 그래서 이제는 그만 둬야지 하는 생각이 들 때면 반드시 한 가지를 기억하자.

실패자는 결국 이 갈림길에서 뒤돌아선 사람이며, 성공한 사람은 이 역경을 딛고 앞으로 전진해간 사람이라는 점이다.

사업의 확고한 성공 시스템을 믿고, "나도 할 수 있다"는 사실을 믿어라. 그렇게 믿는 이 사업은 누구나 할 수 있는 일이라는 것을 알게 될 것이다. 자신을 믿으면 성공이 보일 것이다.

바다의 제왕 바이킹을 만든 것은 결국 높은 파도와 척박한 환경이다. 살아있는 물고기는 물을 거슬러 올라가지만 죽은 물고기는 물살에 몸을 맡기고 물결이 흐르는 대로 떠내려간다. 부정적인 사고를 가진 사람들은 "할 수 있어 보이지만 어려워!" 라고 말하는 반면, 긍정적인 사고를 가진 사람이라면 "좀 어렵긴 하지만 할 수 있어!" 라고 말할 수 있어야 한다.

시스템 실행 원칙 7 :
많이 만나고, 많이 대화하라

대부분의 사업자들이 사람을 만나 사업에 대해 설명하는 것을 두려워한다. 하지만 여러분이 접촉하려 하는 사람들은 결국 여러분의 인맥이 되는 것이며, 이것은 경험자는 물론 누구도 대신해줄 수 없는 부분이다.

혹자는 네트워크 비즈니스의 최대 난관으로 다음 세 가지를 꼽는다. 확신의 결여, 다른 사람들이 나를 어떻게 생각할까에 대한 우려, 그리고 실패에 대한 두려움이다.

하지만 네트워크 비즈니스에서 사람을 만나서 설명하는 일은 꿈과 소망을 이루기 위한 가장 구체적인 단계다. 많은 사람들에게 내가 가진 희망을 나누어주고 그 꿈에 동참시키는 일이기 때문이다. 아무리 원대한 목표와 꿈을 세워도 그것을 구체적으로 내보일 수 있는 자리가 없다면 아무 소용이 없다.

기회를 찾았다면, 그에 대한 정보를 수집하고 장·단기 계획을 세운 뒤, 이것을 많은 사람들과 나누어야 한다.

인간은 사회 속에서 함께 활동하면서 살아간다. 가까운 가족과 친구부터 사업적으로 만나는 모든 사람들, 이들이 우리의 자산이다. 이들은 우리가 어려울 때 마음의 힘이 되어 주며, 나의 사업이 더 멀리 뻗어나갈 수 있도록 경제적인 도움을 주기도 한다. 인맥이 힘이라는 말이 괜히 나온 것이 아니다. 사업도 결국은 사람을 대상으로 하는 일이기 때문이다. 즉 사람을 만나지 않으면 아무것도 이루어지지 않는다. 특히 네트워크 비즈니스는 사람 속에서 이루어지는 것인 만큼 언제나 만나고 대화할 자세가 되어 있어야 한다.

사람을 만나는 방식 또한 고민해볼 필요가 있다. 전화를 할 것인가, 약속을 잡을 것인가, 아니면 초대를 할 것인가. 그리고 이 모든 일에 앞서 준비해야 할 것은 진실하고 열정적인 자세, 또 사람을 겁내지 않는 용기이다. 만일 누군가에게 거절을 당하거나 그가 약속장소에 나타나지 않았다고 좌절할 필요는 없다. 처음부터 사람 만나는 일에 백 퍼센트 성공하는 사람은 존재하지 않는다. 이것은 단지 성공으로 가는 과정, 거쳐야만 하는 통과의례다. 사람은 새로운 것을 쉽게 받아들이려 하지 않는 습성이 있다. 따라서 사람을 만날 때 겪게 되는 모든 실수나 상처에 상심하거나 의기소침해 하지 말자.

06

아직
늦지
않았다

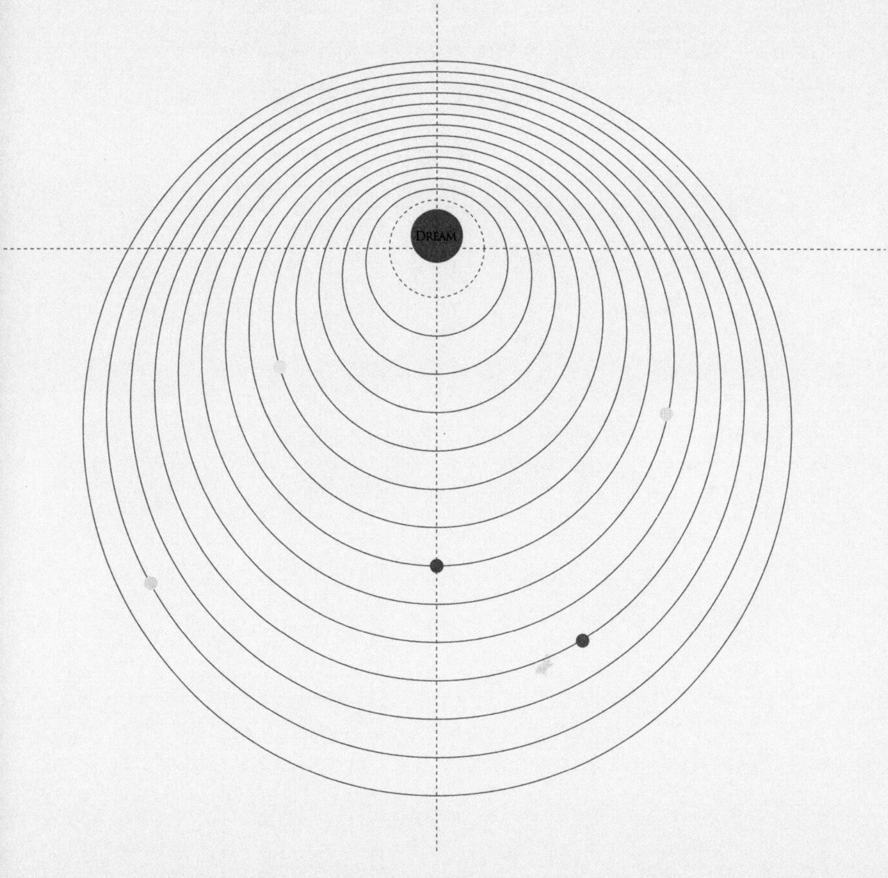

최근 경제가 어려워지면서 좀도둑들이 기승이다. 실력 좋은 도둑들은 24시간 경비원이 지키고 있는 아파트까지 잠입해 집 안 물건을 털어간다. 억울한 마음에 경찰에 신고해도 별반 다를 건 없다. 이런 좀도둑들은 경찰도 속수무책이다. 도둑을 맞지 않으려면 우선적으로 내가 먼저 나서 문의 잠금장치 등의 보안을 철저히 해야 하는 것이다.

꿈을 지키는 일에서도 마찬가지다. 평소에는 잘 느끼지 못하다가 어느 순간 '아, 그래도 꿈이 있었는데' 하는 생각이 들 때가 있는가?

꿈을 잃은 이들에게

꿈이란 크게 꾸기는 쉽지만, 그것을 지켜내는 일은 결코 쉽지 않다. 살다 보면 수많은 상황들로 인해 꿈을 도둑맞는 일이 수시로 벌어진다. 우리가 이처럼 꿈을 도둑맞게 된 이유는 무엇일까? 과연 우리에게는 꿈을 가지고 그것을 이룰 만한 능력과 힘이 없는 것일까? 아니면 우리가 너무 허황된 꿈을 꾸고 있는가?

그렇지 않다. 우리의 꿈이 우리에게서 멀어져간 이유는 우리가 부족해서라거나 허황된 꿈을 꾸어서가 아니다. 어린 시절부터 꿈을 이루기 위해 꼭 해야 한다고 교육 받은 방식들이 이 시대에는 더 이상 통하지 않기 때문이다.

돌이켜보라. 어린 시절 우리의 부모들은 우리에게 성공은 '성실함', '학벌' 등이 좌우한다고 가르쳤다. 지금 여러분은 어떤가. 학교를 졸업한 뒤 직장을 얻어 숨 가쁘게 달려왔다. 이렇게 10년만 더 하면 성공할 것도 같았는데 현실은 결코 그렇지 않다. 적은 월급을 아무리 아껴도 집 한 채 사기도 버겁다. 죽어라 일만 해도 수입은 적으니, 자유로운 시간은 엄두도 내지 못한다.

과연 이것이 여러분의 꿈이었는가? 과연 이런 삶을 계속 유지한다고 여러분이 원했던 꿈을 이룰 수 있을까?

이런 상황이 되면 누구나 꿈을 빼앗겼다는 박탈감에 시달릴 수밖에 없다. 뒤도 안 돌아보고 열심히 살았는데 남은 것은 없는 세월에 원통해지기까지 한다.

코끼리 말뚝에
묶여 있지는 않은가?

한 조사기관이 70대 노인들을 인터뷰한 결과, 노인들은 자신이 했던 일을 후회하기보다는, 해보지 못한 일을 후회한다고 한다. 뭔가를 해보지 못한 삶만큼 억울한 게 없는 것이다. 만일 기회를 놓치면서 살아왔다면, 여기서 반가운 사실 하나를 기억하자. 하늘은 누구에게나 3번의 기회를 내린다는 것이다. 성공한 사람이란 결국 기회가 왔을 때 그 기회를 거머쥔 사람이며, 지난 시기에 그 기회를 잡지 못했다면 다시 다가오는 기회만큼은 넘기지 말고 꼭 거머쥐어야 한다. 그리고 그 기회는 지금 여러분의 곁에 다가와 있을지도 모른다. 특히 '지금 나는 아무것도 가진 것이 없는데 어떻게 성공하고 부자가 될 수 있을까?' 라는 의심이 드는가?

코끼리는 세상에서 가장 몸집이 큰 동물 중에 하나다. 만일 코끼리가 마음 먹고 사람을 해치려 든다면 어마어마한 인명 피해가 날 수 있다. 그런데 코끼리를 움직이는 서커스단의 코끼리는 어째서 그토록 온순한 것일까? 코끼리를 길들이는 방법은 어렵지 않다. 아주 어릴 때부터 발목에 사슬을 매어 말뚝에 묶어 놓는 것이다. 어린 코끼리는 말뚝에서 벗어나려고 여러 번 애를 쓴다. 하지만 그럴 때마다 좌절한다. 아직 어려 힘이 모자라기 때문에 사슬을 끊을 수 없기 때문이다.

그런데 문제는 나중에 어른 코끼리가 되어서다. 그렇게 하루하루가 지나 오랜 시일이 흐르다 보면 나중에는 말뚝을 뽑고 사슬을 끊을 충분한 힘이 생겨도 말뚝에서 벗어나려고 하지 않는다. 어차피 해봐도 안 된다는 자포자기에 빠졌기 때문이다. 주변을 둘러보면 그저 하루하루를 열심히 살 뿐, 자신이 어째서 현재의 경제적 난관에서 벗어날 수 없는지 깊이 생각해보지 않는 이들이 많다. 이들은 그저 이 모든 것을 운이 나빠서라거나, 개인이 부족해서 생긴 결과라고 믿어버리거나, 그저 이렇게 하루하루 최선을 다하면 어려움에서 벗어날 수 있을 것이라고 생각한다.

그러나 이런 마음가짐은 한 가지 불행을 필연적으로 가져온다. 그저 살아가는 것만으로는 결코 지금의 상황에서 벗어날 수 없다는 명백한 사실이다.

경제적 자유는
소중한 것이다

    자유는 선택의 크기와 비례한다. 모든 분야에서는 선택의 크고 작음이 자유의 척도가 되는 것이다. 국가는 물론 기업, 그리고 수많은 조직들이 현재 이 자유를 추구하고 있지만, 정작 우리 자신은 그렇지 못하다.

    어떤 사람들은 돈이 삶의 전부는 아니라고 말한다. 일견 맞는 말이다. 하지만 돈 때문에 문제가 많다면, 그 사람은 돈으로부터 자유롭지 않은 사람이 될 수밖에 없다. 시간이 없어서 휴가 한 번 가지 못하고, 부모님 한 번 못 찾아뵙는 삶을 살면서도 '돈이 없어서' 그렇다고 말하지 않는다면 그것은 자신을 속이는 일과 다를 바 없다.

    생각해보자. 우리는 자유롭지 못할수록 현상 유지에 급급해지지 않는가. 인생의 소중한 것들을 뒤로 한 채 돈 버는 일에만 대부분의 시간을 보냈기 때문이다.

새로운 기회와 비전은 변화하는 사람만이 잡을 수 있다. 그 변화란 생각을 바꾸는 일, 즉 고정관념을 깨는 것에서 시작된다. 물론 쉽지 않지만 변화의 물결이 이는 요즘에는 불가능한 일만도 아니다.

하지만 이 변화는 누구에게나 찾아오는 것은 아니다. 준비된 자만이 거머쥘 수 있다. 현재보다는 미래에 도전하려는 마음 가짐이 바로 그 기본이다.

많은 이들이 변화를 두려워한다. 이 작은 현재를 잃어버리지나 아닐까 전전긍긍하는 것이다. 그렇다면 이 한마디를 기억하자. 변화는 지식이나 이론이 아닌 확신과 결단의 문제다. 시련과 장애물을 겁내지 않는 자세다.

주변을 둘러보라. 노력하지 않고 성공을 거둔 사람이 몇이나 있는가?

시간 투자를 충분히 하지 않은 사업자가 갑자기 많은 돈을 번다는 건 망상에 가깝다는 걸 여러분도 알 것이다.

네트워크 비즈니스에서도 마찬가지이다. 그간 꿈을 잃어버렸던 시간 만큼 더 큰 열정으로 시작하는 사람만이 성공을 거둘 수 있다. 실로 정상급 수준을 성취한 1인 네트워크 사업자들의 이야기를 들어보면 눈물겨운 사연이 한둘이 아니다. 주위 사람들의 편견과 배척과 싸우고, 발로 뛰면서, 밤잠을 줄

여서 책을 읽고, 휴일에도 수많은 미팅에 나가며, 스스로 올바른 시스템을 쌓기 위해 노력해온 이들이다. 만일 이런 이들을 한번이라도 곁에서 자세히 살펴보면 노력 없이 일확천금이 가능하다는 생각도 사라질 것이다.

그렇다면 마지막으로, 사업에 도전하기 위해 무엇을 살펴야 할지도 보도록 하자.

모르면 질문하라,
그리고 포기하지 마라

　매일 출근하는 직장을 지겨워하는 두 사람이 있다. 두 사람은 새로운 삶을 꿈꾸지만 그것을 추구하는 방법은 제각각 다르다. 한 사람은 점심시간, 쉬는 시간마다 불평을 늘어놓지만 막상 월급을 받고 나면 "그래도 이 직장이 편하지" 하고 스스로를 위안한다.

　반면 다른 한 사람은 틈틈이 자신의 사업을 준비하며 정보를 리서치하고 성공과 실패 가능성을 차분하게 점쳐본다. 아직 완벽히 준비되지는 않았지만 앞으로 6개월 내로 새로운 삶을 살겠다는 계획을 세우고 있다. 이 두 사람 중에 어느 쪽이 자신이 원하는 삶을 살 가능성이 높을까?

　돈 버는 방법은 결국 자기경영에서 시작된다는 새로운 화두를 담은 책 『돈』과 부와 성공을 향한 마인드 트레이닝을 강조

한 『경제적 자유로 가는 길』의 저자. '유럽의 머니 트레이너'라고 불리는 보도 셰퍼는 자신의 책에서 이렇게 말한다.

"당신이 생각하는 방식이 현재의 당신을 만들었다. 똑같은 방식으로 생각하는 한 당신은 가고자 하는 곳에 절대 다다를 수 없다."

과거의 방식대로 오늘을 살고, 오늘의 방식대로 내일을 사는 것은 쉽게 말해 '일상을 사는 것'이다. 그리고 일상에 안주하는 사람에게는 변화도, 발전도 찾아오지 않는다.

지난 10년을 돌이켜 생각해보자. 과연 그 순간으로부터 나는 얼마나 변했는가, 과연 내 통장의 잔고는 얼마나 늘었는가, 연봉은 올랐는가?

이 모든 점검을 끝냈다면 지금 당장 변화를 원하고 시작해야 한다. 가만히 앉아 있다가는 현상유지는커녕 오히려 퇴보할 가능성이 높기 때문이다. 하지만 아무리 결심을 했더라도, 그것이 결심으로만 끝나면 아무 소용없다. 사업을 시작하기로 결심했다면 다음의 질문들을 꼭 던져보자.

- "어째서 이 사업을 선택했는가?"

- "이 사업의 규모는 어느 정도로 할 것인가?"

- "어느 정도의 시간을 투자할 것인가?"

- "나는 이 사업을 통해 무엇을 얻으려고 하는가?"

- "나에게 있어 성공은 무엇인가?"

- "어째서 나는 성공자가 되려고 하는가?"

- "구체적인 장기적 · 단기적 목표는 세웠는가?"

- "이 사업을 누구와 함께 할 것인가?"

- "만일 사업이 어려워질 경우 어떻게 대처할 것인가?"

- "이 사업을 통해 얻은 성공을 누구와 함께 나눌 것인가?"

바닥 공사가 튼튼한 건물은 쉽게 무너지지 않는 것처럼, 성공자의 자세를 탄탄히 구축해 놓으면 어려움 앞에서도 쉽게 좌절하지 않는다.

흔히 비전을 가지는 사람이 성공한다고 말한다. 비전이란, 언뜻 '마이너스(-)'처럼 보여도, 미래에 다가올 '플러스(+)'를 보는 일이다. 그리고 이 비전은 변화 속에서만 선명하게 드러난다. 도둑맞은 꿈을 다시 되찾고 싶은가?

그렇다면 지금부터 비전이라는 안경을 끼고 새로이 세상을 보자. 길은 반드시 있다. 아직 당신이 만나지 못 했을 뿐이다.

당신이 현재 하시는 일과 함께 추가적인 수입을 원하시거든

이 책을 주신 분을 만나 보시기 바랍니다.

성 명: ______________________________

연락처 : ______________________________

절대 포기하지 마라

현대사회라는 거대한 패러다임은 사실 명확히 파악하기 어려운 미로와 같다. 가끔은 길을 잃기도 하고, 예상치 못한 행운을 만나기도 한다.

즉 현대사회는 복잡한 만큼 선택할 수 있는 방향도 다양하다는 이점이 있다.

직업이나 사업을 선택할 때도 마찬가지다. 성공 가능성이 높은 사업은 무엇보다도 내가 잘 할 수 있는 사업, 나아가 이 시대가 요구하는 사업이어야 한다.

네트워크 비즈니스는 네트워크와 소비문화의 발달이라는 지금의 현실을 발판으로 시작할 수 있는 가장 위험성 적은 사업이자, 무한대로 성장과 확장이 가능한 사업이다.

일상생활의 소비 패턴을 바꾸는 것만으로도 수익 일부를

인세처럼 평생 지급받을 수 있는 사업이다. 나아가 이 사업에는 학벌도 연령 제한도 없고, 나아가 큰 자본도 필요 없다면, 누구나 시작할 수 있는 이 기회를 그냥 흘려보내겠는가?

길면 길다고 할 수 있는 백 년 인생이다. 이 책은 우리 인생에는 몇 번의 기회가 찾아오고, 결국 그 기회는 도전하는 사람만이 거머쥘 수 있다는 점을 말하고 있다.

가슴에 품어온 꿈에 믿음을 가지고, 그것을 쫓는 이들에게 인생은 길고 아름다운 여정이다.

이제는 잃어버린 꿈을 다시 되찾아 현실 속에서 자신의 길을 재창조해가야 한다.

경제적 자유는 결코 무리한 투자 속에 있지 않다. 미래를 바꾸겠다고 생각했다면 눈앞의 현실을 위해 미래를 설계하라. 지금 긍정적인 첫 걸음을 떼는 순간, 여러분의 삶으로 다가올 행복도 결코 멀지 않은 것이 될 것이다.

나우! 유턴

1판 1쇄 인쇄 I 2013년 06월 15일
1판 2쇄 발행 I 2013년 11월 14일

지은이 I 최병진
발행인 I 이용길
발행처 I MOABOOKS 모아북스

관리 I 정윤
디자인 I 이룸

출판등록번호 I 제 10-1857호
등록일자 I 1999. 11. 15
등록된 곳 I 경기도 고양시 일산동구 호수로(백석동) 358-25 동문타워 2차 519호
대표 전화 I 0505-627-9784
팩스 I 031-902-5236
홈페이지 I http://www.moabooks.com
이메일 I moabooks@hanmail.net
ISBN I 978-89-97385-31-7   03320